BEYOND

從科學角度談信念

在
信仰之外

FAITH

林基興————著

序：眾裡尋他千百度

2016年3月，曾榮獲總統教育獎的某得主，死於其靈修指導者家中，其父母指控對方「洗腦」其女一天只吃一餐煮熟的蘋果、生病不准看醫生、在外賺錢心甘情願地交給對方。為何人會信任到「衣帶漸寬終不悔，為伊消得人憔悴」？

多年來，無數外人從遙遠的國度來台傳教，信仰的力量支持她們「熬過」每一天。諸如炸彈自殺者等，行動的根基為其信念（belief信仰）。諸如「神旨」等，只是幾個字，但你一相信就變成心靈的主宰。信仰何來魅力，足以讓信徒「五體投地」？

有史以來，各式宗教興起與衰亡，信徒來來去去，但信仰一直是社會的重大議題。信念是如何運作的，足以讓人「前仆後繼」？

信仰的迷惑多，例如，我國著名律師陳長文曾為文提到，他兒子一出生，就罹患多重功能障礙，嬰兒何辜？神為何讓他受苦受難？這是他為《當好人遇上壞事》一書寫序所質疑；該書作者為猶太神學家，納悶其子罹患無藥可救的早年衰老症候群，若神是善良的，難道「神非全能」？直教人無語問蒼天。又如，亞伯拉罕教徒說痲瘋是神的懲罰，佛教和印度教則視為「業障」致病；神旨可怕，但科學家在1873年發現原來只是「痲瘋桿菌」作祟，又在1943年發現有效治劑。神以怪病嚇人，科學則抗神旨救人嗎？

然而，各種信仰的內涵，在鬼神之外，也包含諸多人生哲理，足為文明傳承；以信仰之名行善或行惡，均常見。月有陰晴圓缺，此事古難全；如何明辨？至於「世俗」的信念，諸如捨身救人、二十四孝、堅守崗位等，可歌可泣的故事何其多。

　　本書從人文、哲學、社會、考古、心理、物理、化學、腦神經科學等角度解析信念，尤其影響層面深遠的宗教信仰，以釐清真相與幻影。

　　風乍起，吹皺一池春水。

目　次

第一章
宏觀與求真

以管窺天

　　古代「民智未開」，難免千奇百怪地詮釋自然與人世現象。人類具有想像推理能力是福，因可用以找出原因與解答，有助於存活；但也是禍，因若推理錯誤，或以為有超自然力，則可讓人叫苦連天。

　　文明的進步靠累積知識，一代勝過一代。今天，我們已可宏觀文明的演化，剖析信念的層層迷思。

　　宇宙已存在137億年，太陽已46億歲、地球45億歲。地球35億年前出現生命，人類則在20萬年現身。當前世界的主要宗教則很晚才誕生，例如，距今約4千年前出現猶太教、2千6百年前佛教、2千年前天主教、1千4百年前伊斯蘭教、5百年前基督教。

　　但在1658年，英國國教大主教阿希爾（James Ussher），根據《聖經》，算得宇宙始於西元前4004年。《聖經》說神第1天先創造地球，第4天創造太陽、月亮、星星。其實，創世後，神熬了90億年才弄出地球、又費勁10億年才拼出生命、再過35億年才造出人類，難怪全能的神需要休息，約定工作6天後放假1天[1]。

　　穹蒼浩瀚，不易想像，例如，教徒看到的太陽，其實是8分鐘前的太陽，因光從太陽到地球需8分鐘。已知的宇宙約1千億個星系，每個星系約1千億個星球；宇宙中的地球，猶如撒哈拉沙漠中的一粒沙；真有個神隨時照顧到每粒沙？又一直傾聽紀錄地球上70億人的祈求？

───────────────

[1] 《聖經》：因為六日之內，耶和華造天、地、海、和其中的萬物，第七日便安息。（出20:2-17）

▼宇宙中有數以億兆計的恆星。維基百科ESA/Hubble

　　無知易導致恐慌，例如，以為日蝕是神鬼震怒，其實只是天體運行的自然現象。「時空錯亂」的例子是，諸多教徒宣稱神旨某年某月某日為「世界末日」，但「時間」是人為定義的，地球分成12個時區，因此，「某日」就需依地點而定，難道末日則分12次降臨地球？

萬能神怎麼造物造人？

　　神造地球，缺陷真多，包括火山、地震、颱風、海嘯、澇旱等，導致每年眾多生命傷亡，例如，西元79年，古義大利龐貝（Pompeii）城被維蘇威火山灰覆蓋而活埋2萬人。地球已發生過五次生物大滅絕；為何全能神造物如兒戲？至於神造的人類，諸如作奸犯科與畸形殘障等，不勝枚舉。

　　宇宙星球無數，為何耶教神要將獨生子耶穌送到地球？已知地球的缺點罄竹難書，怎能相信神造的另一世界「天堂」多完美？

> 當創世論者說神分別創造每一物種時，他們想到的是蜂鳥與蘭花等美麗的東西。但我會想到寄生眼絲蟲（Loa loa），正鑽孔穿過西非男孩的眼睛，讓他眼盲。你信的神是全愛的，為何創造此只會寄生在無辜孩子眼睛的蟲？
>
> ──艾登堡（David Attenborough）爵士
> 英國生物學家

地球上，諸多要人命的生物，包括天花病毒與瘧蚊，防不勝防。1865年，英國外科醫生李斯特（Joseph Lister）提出缺乏消毒是外科手術後發生感染的主因，受到修女們的圍攻，因認為人的生死由神主宰，消毒是違反神旨意與離經叛道。

《聖經》說，神依其形象造人。但事實上，人由生物共同遠祖，經歷長臂猿等演化而來，位階在「真核域、動物界、脊索動物門、哺乳綱、靈長目、人科、人族、人屬、智人」。萬能神設計的人缺陷多，包括關節易磨損、視網膜易剝離。人的形象同神，亞當是男的，神有男生殖器、染色體是X與Y各一嗎？但圖畫的亞當和夏娃，具有胎生才需要的肚臍？夏娃來自亞當的肋骨，因此，基因完全一樣（其實女性染色體有兩X無Y），其婚姻更甚於「近親繁殖」，導致許多遺傳疾病？夏娃只生兩兒子，則大兒子「該隱」的太太來自何方？又重蹈「近親交配」覆轍？洪水後，讓挪亞一家8口繁衍全世界人？為何全能神造的人「不堪一用」，諸如偷吃禁果、作惡多端而須洪水滅人？為何全能神依己形象創造的人短命[2]，例如，遠比烏龜短壽？

---

[2] 根據史上最早（1751年）且幾近完整的統計資料，瑞典人平均壽命35歲。烏龜則百歲以上。

▼英國外科醫生李斯特在病患身上消毒。圖片來源：維基百科

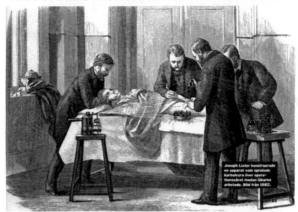

▼上帝造人，不是胎生，應無肚臍。1507年，德國畫家杜勒作品「亞當和夏娃」。圖片來源：維基百科

如何看待自然現象？

常人易以超自然方式解釋「因果[3]關係」。

> 對於那些看來極端不可能發生的事，我們總是賦予它神祕的
> 色彩，認為背後一定有超自然的力量在操縱。其實，巧合
> 就是巧合，不過是自然界機率定律的表現，只要機率不等於
> 零，凡是都可能發生。
>
> ──曾志朗，心理學家

美國民俗有「黑色的星期五」，但其實，有更多的星期五並非
黑色的，我們卻只記得有不幸事件發生的星期五。何況，星期五發
生好事的例子很多，而其他日子也發生壞事呢？

> 把閃電當作天怒時，我們只能祈禱；但是將它歸類為電時，
> 富蘭克林發明了避雷針。
>
> ──早川雪（1906～1992），語言學家
> 前美國舊金山州立大學校長

好事或壞事的發生只是機率，宇宙沒有情感，不會為了傷害
或取悅你而產生任何事；許多人希望「善有善報、惡有惡報」，但

---

[3] 在11世紀，伊斯蘭神學家安薩里（al-Gahzali，1058～1111）主張，不能有因
     果效應，否則會限制神隨心所欲的自由。

事實上未必，地震或颱風也不認人善惡。類似「蒙主寵召」的安慰是「好人早死」（The good die young），戲謔者說，因神要早點以「上天堂、到神身邊」獎賞好人。則人何必來世上？

　　類似地，人的病痛大部分可自行痊癒，不應歸因於超自然而訴求祈禱拜拜；否則教徒均不生病或病死嗎？

　　認為「種瓜得瓜，種豆得豆」的「因果論」，有其用途，但也有侷限，相輔相成的是隨機論。教徒認為世界現象若是隨機，就太「無情」，因此寧可有全愛神操盤世局。但人之初，精液精子數幾十億，但只有一隻與卵結合，就是「隨機」；導致胎兒病變的基因突變，也是隨機發生；因此，生命之始就是隨機；誠實的接納自然，比起自我蒙蔽，健康多了，就如英國生物學家赫胥黎（Thomas Huxley，1825～1895），致力於宣揚演化論，曾回應英國主教韋伯佛斯[4]（Samuel Wilberforce）譏笑其祖父或祖母來自猴子：「我不會以猴子祖先為恥，但你以口才掩飾實情卻可恥。」

鴿子也變得迷信

　　美國心理學家斯金納（B. F. Skinner，1904～1990），曾以鴿子實驗，研究迷信的成因。飢餓的鴿子關在籠內，附有運送食物的自動裝置，不論鴿子做什事，均定時地供應食物；結果，鴿子認為自己的作為導致食物，因此，一直重複「首次獲得食物時的作為」。例如，有隻鴿子一直逆時針方向繞著走，另一隻則頻頻伸頭到籠子上方。

---

[4]　他堅決反對演化論：「天擇與神旨絕不相容、與神創世牴觸。」當時的觀念是地球六千歲。

▼美國心理學家斯金納發現鴿子的迷信行為。圖片來源：維基百科Silly rabbit

　　因此，斯金納解釋，鴿子自認其動作「儀式」影響送食物。此實驗有助於瞭解人類的「迷信」行為：人做了某事而獲好結果，這樣子意外地發生了幾次後，人就會認為兩者有關連，於是繼續做該事，即使做了之後沒好結果的次數更多。例如，投球者幾次扭身而效果不錯時，就以為這樣做有特殊效果，會繼續這樣的方式投球；古人有次拜雨神後看到雨，而崇拜雨神。

　　至於此鴿子實驗是否適用於人類，在廣受歡迎的英國電視連續劇「不請客就惡作劇」，曾從事類似的實驗，結論與斯金納的相近。

被信念牽著走

　　美國康乃爾大學心理教授班姆（Daryl Bem，1938～），也是魔術師，多年來，在課堂上一再表演靈媒與心電感應等，結果95%的學生「眼見為憑」地信以為真。事後，班姆跟學生解釋，那只是魔術，儘管如此，只有一成學生改變心意。似乎人有形成信念就根深蒂固，而難以改變的傾向。

　　信念讓人成為「社會主義者、登山客」等。若你相信「只剩3個月可活」、「世界末日下週即到」等，上述只是「字」，但在你相信後，即操縱你心理，決定你的欲望、恐懼、後續行為。類似地，「神」、「天堂」、「地獄」等字也是。信徒直覺地認為其神祇預知與回應人的需要與言行。

　　諸如糖丸等「安慰劑」，可促進身心健康，稱為「安慰劑效應」（placebo effect）。使用「功能性磁振造影」可知，安慰劑活化腦部的區域，就是腦內啡等天然的鎮痛劑作用處。另外，紓解憂鬱的安慰劑，在腦中活化之處，和抗憂鬱藥「百憂解」活化的一樣。安慰劑效應的形成為主觀的，此即為何安慰劑對主觀的焦慮等病情較具效用。2002年，美國有文〈對付抑鬱症，糖丸安慰劑難以匹敵〉：「近數十年來，大多數製藥公司的臨床試驗顯示，比起抗憂鬱藥，糖丸安慰劑的效果一樣好，或甚至更好。」安慰劑的療效來自「相信有效」。

　　1999年，因美國報紙《堪薩斯市星》（Kansas City Star），密切刊登創世論的爭辯，美國物理學會發言人派克（Robert Park，1931～）教授建議它民調，問民眾是否同意，恐龍出現於幾百萬年

前，就如科學論述？結果，八成同意。但多數美國人相信創世論，亦即地球幾千歲而已；派克推論民眾將信念「區隔化」，尤其是將宗教信仰放在某特別隔離的區間，即使日常所需的常識也進不了該區間；難怪「理性勝不了迷信」？

人性與信仰

有些人性因素，導致人易於接納信仰，例如，易受暗示度。就像催眠能否成功，關鍵之一是，被催眠者是否具有高度的易受暗示度。這和接納權威性格、英雄崇拜傾向有關。人類每天都活在自我暗示或他人暗示中，這也是廣告業努力的目標。批判性較強的人受暗示度較低。

其次是自我實現的預言。若已信鬼神，則人易於將幻像、幻聲等，均聯想成鬼神影音；另外，傾向於使用超自然力解釋各式現象，於是更信鬼神，即為「自我實現的預言」。異曲同工的是「確認的偏見」（confirmation bias）：人們採納某信念後，易於看到和回想起確認該信念的正面例子，視為證據；而對於反面例子，則不當一回事，因此更偏頗。

第三是從眾行為。2010年，著名的趨勢專家大前研

▼幻象錯覺：美國插畫家Gilbert名畫「只是虛榮」。圖片來源：維基百科

一，出書《低智商社會》，將日本的種種問題歸因於「集體智商衰退」，例如，若電視節目說「納豆對減肥有幫助」，第二天超市裡的納豆就會被搶購一空。諸如供養密教徒、爭摸邊境媽祖等，均為集體催眠「會獲利」。宗教和詐騙集團具備類似「將信徒騙得團團轉」的技巧。

現代宗教儀式與氣氛，常具「吸引」與「改造」效果。有人認為，資深神職者言行溫和蘊靜，讓人亦敬亦信，他們的閱歷對芸芸眾生的悲苦瞭如指掌，深諳迂迴點醒之道。在傳道時，參雜人生經驗與自然玄機的證言，甚得同化收效之功。堂寺莊嚴雄偉，高聳神像與聲光氣氛，給人強烈神祕與吸引象徵，聖歌梵音與誦經膜拜讓人餘音繞樑。

幾乎各式觀點均有信徒，就如魏朝曹植所說：「人各有好尚，蘭茝蓀蕙之芳，眾人所好，而海畔有逐臭之夫。」因此，不論信仰水準，均有信徒知音；台灣有廟就有人拜。同時，有人就是喜好鬼神、有人則「鐵齒」。以沙林毒氣謀殺東京地鐵乘客的日本奧姆真理教，仍有信徒；燒死異教徒的宗教照樣有人信。

老大哥在看著你

1949年，英國作家奧威爾（George Orwell，1903～1950）出書《一九八四》，描述老大哥（Big Brother）為大洋國的領袖，人民堅信他存在，然而書中自始至終沒有真正出現這號人物。民眾永遠處於監視下，「老大哥在看著你」。

人的易受操控特質，包括常要取悅他人、要得別人接納、害怕負面情緒（憤怒……）、不敢表達己意或拒絕別人、低自主性、缺乏自信、具情感依賴性與順從性、易被魅力迷惑。

軍事、政治、宗教等領袖均深諳控制思想的方式：（1）減

少或阻止人們看到相反的觀點；（2）創造恐懼感和依賴性、誇張美好前景；（3）壓制個性化的行為，按照組織者的意思進行。例如，北韓共黨選7到13歲的青少年，集體催眠地，在儀式中宣誓效忠稱為「父親」的獨裁領袖。

2004年，英國牛津大學神經心理學家泰勒（Kathleen Taylor），出版《洗腦：控制思想的科學》，描述洗腦技術，關鍵在於摧毀對方意識形態；當某信仰成為個人或團體的神聖核心，則不易撼動該信仰；遭受思想改造者，常經集體自我批評；灌輸外人為非我族類。

在某角度看，傳播宗教是「洗腦」，因其通過各種手段改變人的信仰或行為，包括承認之前的思想是錯誤的，必須悔改。定時（每週日上教堂）再教育、經常閱讀《聖經》，以鞏固思維。

科學教育也是洗腦嗎？傳播知識方面可說是，但科學提倡質疑錯誤（科學進步一因）；相對地，宗教不能質疑教條（神旨箝制）。

神用何語言與人溝通？

根據聯合國教科文組織，截至2013年，全球語言約7千種。

波蘭人柴門霍夫（Łazarz Zamenhof，1859～1917）出生的小鎮，有三種民族（波蘭人、猶太人、白俄羅斯人），由於語言與宗教信仰等的不同，鎮民經有偏見和仇恨。柴門霍夫認為，語言不同使人們不能互相交流，是產生偏見的主因；1887年，他出書《國際語言》，提倡世界語（Esperanto）。

> 因各種語言總有語意和文化等的微妙差異，翻譯就會離譜。既成事實是，有些不好的譯本已廣為流傳，導致一些麻煩的神學難題和離奇的教會宣稱。翻譯《聖經》仍為教會最重要的任務之一，尚待翻譯的千種語言版本，均需可靠的和易於瞭解的翻譯。
>
> ——歐曼森（Roger Omanson），1988年
> 聯合聖經學會顧問

《聖經》解釋人間語言為何多種？因神不願人建造巴別（Babel）塔通天堂，懲罰人說不同的語言，而不能溝通。神屢出怪招，創世後以原罪懲罰，後來以洪水懲罰。好啦，全知神自作自受，傳播己意（《聖經》）也因翻譯而焦頭爛耳。

2011年4月，紐西蘭奧克蘭大學雅金森（Quentin Atkinson），在《科學》期刊為文指出，世界上各種語言，源自至少已經10萬年

前石器時代非洲的一種方言。離非洲越遠,語言的音素越少[5]。南美匹拉(Pirah)語含11種音素,英語含46種音素,而南非桑人(San)語則為驚人的2百種。人言不同,並非神意,演化歷程讓語言改變,用進廢退,和神的懲罰毫無關係。

　　各部落或民族、教宗或廟祝等,宣稱與神溝通,能提得出神說話的證據嗎?到底神用何語言與人溝通?語言一再演化、翻譯問題一直困擾信徒,為何全能的神不直接對每個子民曉喻?為何錯譯《聖經》,神均不吭聲?

▼提倡世界語的波蘭人柴門霍夫。
圖片來源:維基百科

▼巴別塔通天堂。圖片來源:維基百科

---

[5] 英國雷丁(Reading)大學演化生物學家佩果(Mark Pagel)表示,在DNA中可看到類似的效應。

奇蹟的真意

2006年，台灣天主教會樞機單國璽，罹患肺腺癌，他原不平地問：「為何是我？」但後來轉念，叮嚀教友：「請不要用祈禱勉強天主顯奇蹟[6]，讓我突然病癒，這樣破壞了天主對我生命的計畫！我唯一的希望是完全承行天主旨意。」怪哉，癌症是全能神對他生命的計畫？

教徒為凸顯神的偉大，俯稱神具備「全能、全知、全愛」的特性，這一來，固然方便招攬信徒，但也弄得神旨左支右絀、馬腳盡露。例如，奇蹟固然「聳動」，但為何神已安排，還要受祈禱影響而改變心意？祂不是全知嗎？在重大災難之後，若有倖存者，就有人說是「奇蹟」；為何奇蹟不是阻止災難發生呢？倖存者說感謝奇蹟，則對死者情何以堪？

達爾文寫給妻兒看的自傳（1876年）中指出：「要一位正常人相信基督教賴以支撐的種種奇蹟，需要清楚的證據，但知道越多自然律，奇蹟就顯得越令人無法信服；古人無知與輕信的程度令我難解。世界上有許多苦難，有些人試圖從人類的角度解釋，他們猜想苦難的功用在改進人的道德，但從數量來看，世界上有這麼多有知覺的生物，人類相較之下是微不足道

▼達爾文質疑奇蹟。
圖片來源：維基百科。

---

[6] 他說信仰不是許願的「阿拉丁神燈」。

的，其他有知覺的生物也經常遭逢相當的大苦難，但它們並無改進道德的問題。」

　　許多人信教，因為臣服《聖經》中的奇蹟[7]；但其諸多宣稱，實在荒謬。神的奇蹟經得起驗證[8]嗎？諸如古代以色列人逃離埃及時，就有分開紅海水道、摧毀埃及追兵的奇蹟，為何近代以色列一再遭受炸彈攻擊，並無奇蹟阻止死傷？兩千年前有先知，祈禱就可治療神創造的痲瘋症，為何現在神不差遣先知下凡，治療神創造的唐氏症？

> 近來，大多數的神學家都不好意思談奇蹟，但這些古老的一神教信仰是建立在奇蹟故事上，例如，燃燒的荊棘[9]、空墓[10]、天使向穆罕默德口述《古蘭經》；但即使到今天，還有教徒繼續宣揚奇蹟。
>
> ──溫伯格（Steven Weinberg）
> 1979年諾貝爾物理獎得主

[7] 英國牧師巴克禮（Thomas Barclay，1849～1935）來台傳教，用手取下他的左眼，台灣原住民大感驚佩，立刻跪下說：「志馬斯！」（排灣話「神」）。原住民不知科技「義眼」，真好騙。

[8] 在展示奇蹟上，耶穌將杖變蛇、水變酒；但變不出異象時，耶穌就深歎：「這時代的人為甚麼要求神蹟呢？我實在告訴你們，這時代的人是不配看神蹟的」（可8:12）。穆罕默德則聰明地解釋，從天上降雨、長出麥草、給你妻子等，自然現象就是神的異象奇蹟；還不信的話，將有雷電伺候。

[9] 《聖經》〈出埃及記〉：神向牧羊的摩西顯現，耶和華的使者從荊棘叢裡的火燄中向摩西顯現。摩西看見荊棘被火燒著，卻沒有燒毀。摩西要過去，神從荊棘叢裡說：「不可到這裡來；要把你腳上的鞋脫掉，因為你所站的地方是聖地。」又說：「我是你父親的神、亞伯拉罕的神」。

[10] 《聖經》〈馬可福音〉：過了安息日，抹大拉的瑪麗亞等人，買香料去膏耶穌的身體。到墳墓後發現墓門石頭移開，進墳墓，有人對她們說：「那釘十字架的拿撒勒人耶穌已復活，不在這裏。」

只要人害怕災禍，又冀想奇蹟，就有神存在的餘地。相信奇蹟減損人對真理的追求；科學家質疑神的能力，諸如6天創世，信徒總可說神全能，因此無事能難倒神；科學家想要找出奇蹟的證據，信徒總可說神超越自然與人知，因此無法找出、神旨無法理解，封閉溝通之門。

拜神是與神「談判」

信徒認為安危福禍來自神，因此，發明拜拜和祈禱等手段與神溝通，實為「討價還價」，嘗試改變神的意向，牟取「好處」。全知神已知其意向？為何神接納祈拜而更改原意？

國人多信仰的主因是「有拜有保佑、寧可信其有」。2013年，彰化媽祖遶境祈福活動，推出有拜有保佑紀念品，實在生財有道。另外，彩券行和媒體唱雙簧，宣稱高雄鳳山近年抱走34億元彩金，因拜了媽祖和關聖帝君；結果拜神與買券愈多。但每次絕大多數人沒中獎，怎不質疑神[11]？另外，中獎者最善良嗎？或神另有挑選標準？神為何不引導有愛心的信徒或社福志工中獎？

有個樂團推出歌曲〈有拜有保庇〉：「心愛的耶穌，求祢保庇那阮心愛的人……有拜有保庇嘞」。連我國「數位典藏與數位學習國家型科技計畫」，也設立「天地宮」，標題是「有拜有保庇：心誠則靈，有求必應」。若神要凡人崇拜才肯保庇，可知神小心眼，遑論「全善」。

---

[11] 2008年，美國心理學家薛莫（Michael Shermer），為文〈寧可信其有：為什麼主觀的軼事總是勝過客觀的數據？〉，說明少數「有效」個案，即足以讓許多人相信有效：1940年代，美國江湖郎中魏格莫，看到《聖經》尼布甲尼撒王故事：「喫草如牛、身被天露滴濕（但4:43）」，就行銷麥草防癌，生意超好；但全美醫療防騙委員會創辦者（醫學教授）澄清該謬論：「魏格莫不知草食動物也會罹癌」。

　　若認知是「有拜有保佑、寧可信其有」，則該信念難以撼動，
理性不管用。

科學怎麼進步？

　　1965年諾貝爾物理獎得主的美國費曼（Richard Feyman，1918～1988）說，科學志在如何不愚弄自己。科學「求真、謝絕教條、內建質疑、實驗驗證」而奮進。全球科學界合作，公開成果於期刊，其定律放之四海而皆準。若異議者證明新發現正確，大家就接納，不會迫害「異教徒」。

　　英國科學哲學家波普爾（Karl Popper，1902～1994），主張「可否證」（falsifiable）原則，亦即，使用驗證否定假設，但若否定不了，就接受。例如，努力推翻「東方日出」，但無法否證，就接納。

　　通常，我們可以一直問「為什麼」，例如，為何鳥會飛？因為翅膀等相應的生理條件。為何翅膀有助於飛行？因其流線型結構導致阻力小與浮升。經由一直追究，科學家瞭解更多自然律，也因此發展技術產品，例如，探究飛行動力學而能製造飛機。但是，宗教的根基是神旨，教士一直祭出神威嚇阻民眾探究；例如，在中古歐洲，質疑基督教會遭致殺身之禍，例如，火刑伺候。衡諸今天自由評神而無神報復，可知神不存在，只是神棍藉神名而作威作福。

　　1543年，哥白尼聲明地球不是世界的中心，顛覆神造人居所的獨特優越。1859年，達爾文指出人與猩猩有共同的祖先，人由其他生物演化而來。1953年，華生與克里克[12]發現人類的遺傳訊息和和其他生物一樣均在DNA上，不需神注入靈魂以啟人生命。亦即，

---

[12] 華生（James Watson）與克里克（Francis Crick）兩人合得1962年諾貝爾生醫獎。

拋棄神,哥白尼革命開啟「宇宙現象以
自然法則解釋」;達爾文開啟「世界的
發展以演化解釋」;華生與克里克開啟
「生命遺傳密碼以物質解釋」。科學動
搖「神形象」人的特殊地位,神的地位
「一落千丈」。

▼波蘭天文學家哥白尼提倡日
心說。圖片來源:維基百科

　　古來,歐洲籠罩在教會陰影下;達
爾文可是憋了20年才敢發表演化論,而
致力於宣揚的生物學家赫胥黎,曾告訴
達爾文:「為了您的演化論,我隨時準
備接受教會火刑。」

　　消炎藥等物質文明、自由與民主等精神文明,均非出自神旨,
何以全能全知的神無力知悉?神在中東創教時,為何不用手機助
陣?十誡除了通知摩西,也以社交媒體週知全球大眾?

科學來相救

　　為何全愛神要創造痲瘋桿菌?它引起的痲瘋病,摧殘人類超
過4千年,因患者外觀恐怖,古來人們非常害怕痲瘋病,甚至認為
被神詛咒。古時患者常受殘酷對待,包括遺棄荒野、被燒死。痲瘋
病自古是絕症;1873年,挪威學者漢生(Gerhard Hansen)發現病
原;1940年代,抗生素問世,包括氨苯碸和丙硫異煙胺等整合化療
有效。全能神創造病原,科學努力救人。

　　古來,蝗災為害甚多,中國古人畏懼而有「蝗神」的說法。
《聖經》〈啟示錄〉中以蝗蟲比喻魔鬼;〈出埃及記〉提到,神以
蝗災打擊埃及:「明天我要使蝗蟲進入你的境內……這蝗蟲遮滿地
面、甚至地都黑暗了、又喫地上一切的菜蔬。埃及遍地、無論是樹

木、是田間的菜蔬、連一點青的也沒有留下」；神真狠。1915年，蝗災襲擊中東地區，幾乎摧毀所有的植物，造成饑荒；當地人認為，蝗災為神懲罰人的罪惡，需要祈禱祈求神寬諒。1987年起，國際「生物控制蝗蟲與蚱蜢計畫」，發展出暱稱「綠色力道」的黴菌殺蟲劑。科學再度力抗神旨而救人。

現代人為何祈雨？

2012年11月，報紙標題「縣市長祈雨，有拜有保佑」，地方旱災，父母官就齋戒沐浴祈雨；前基隆林市長甚至「披麻」祈雨。

台灣自來水公司會到基隆土地公、或瑞芳基隆河上游土地公拜拜。嘉南農田水利會每年五月都會舉行「圳頭祭」祈雨儀式。

古人為了糧作欠水，需向神磕頭，祈雨舞盛行於埃及、一些印地安部落（如馬雅文明）。美國東南部的切羅基族（Cherokee）的祈雨舞，除了祈雨以外，還有除魔的功能。祈雨儀式中會穿戴羽毛飾品與玉，象徵風和雨。

古人不解自然現象，以為雨可用祈求得來。近代科學則知，足夠多的水汽就可下雨，和鬼神毫無關係，若還以為可祈求而得雨，就是退化回無知的古代。

1946年，美國化學家兼氣象學家謝弗（Vincent Schaefer），發展出人造雨，經由降低雲層中的溫度，使雲中小水滴凝聚形成大水滴，從而降雨。暖雲的人造雨催化劑為撒播鹽水，冷雲的人造雨催化劑則為撒播乾冰和碘化銀。2008年，北京奧運時，為了避免開幕與閉幕時下雨，中國政府使用人工降雨，先清除雲中水汽。

夢境與意義

▼德國化學家凱庫勒夢見銜尾蛇（頭尾相連成環）而悟出化學物苯的結構。圖片來源：
維基百科

 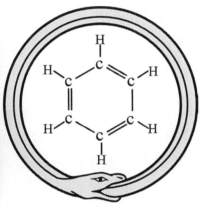

　　做夢與快速動眼睡眠有關，發生在睡眠後期的淺睡狀態，特色
為快速的眼球水平運動、橋腦的刺激、呼吸與心跳速度加快、暫時
性的肢體麻痺。

　　一些科學家認為，夢是腦處理資訊與鞏固長期記憶時，釋出的
一些神經脈衝，就像打掃時揚起的灰塵，被意識腦解讀成光怪陸離
的視聽覺所造成的[13]。美國哈佛大學醫學院霍布森（John Hobson）
和麥卡立（Robert McCarley）指出，誘發快速眼動睡眠的機制，同

---

[13] 美國羅徹斯特大學尼德格特（Maiken Nedergaard）發現睡眠時腦部大掃除，
　　而睡眠助益清除腦中有毒的代謝副產品。

時也產生感覺資訊的夢內容。

　　離奇的夢境為睡眠大腦意識不清時，對各種客觀事物的刺激而引發的錯覺，例如，人遭受壓力的心悸感，在夢中變成了被人追趕的離奇惡夢。人類每年要做幾百到千次惡夢。日有所思、夜有所夢，例如，年輕人常有春夢與夢遺。心理分析學家佛洛伊德（Sigmund Freud，1856～1939）認為夢是瞭解潛意識的窗子。科學界有名的軼事為，德國化學家凱庫勒（August Kekulé，1829～1896），苦思不解，但夢見銜尾蛇，而悟出化學物苯的分子結構（環狀）。也許他更應夢到「三野兔」（Three Hares，教堂裝飾宣稱可避魔），因總共只有3隻耳朵，由3兔共用，而每兔得2耳，這就是苯環結構「共享」的化學意義。

　　南非神經心理學家索牡斯（Mark Solms，1961～），發現負責軀體感覺與感覺整合的顳頂皮質頂葉，若受損者就不會做夢。

　　2014年，英國赫特福德（Hertfordshire）大學心理學教授懷茲

▼德國帕德伯恩主教座堂（Paderborn Cathedral修建於13世紀）上的雕塑「三野兔」，
　提醒避魔與告解。圖片來源：維基百科。

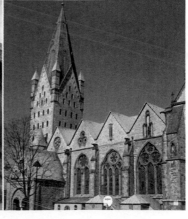

曼（Richard Wiseman），以50萬人實驗「控制夢境」，方法是入睡前由智慧型手機播放各式音樂，結果是音樂影響夢境；更細膩實驗得知，「提示」更直接影響夢境，一般人八成的夢境和焦慮有關，似乎可經由「提示」引導夢境，並舒緩焦慮。

穿鑿附會的託夢

古人認為夢是直接從神或死者來的信息。古希伯來人孕育夢以得神啟示，希伯來先知撒母耳，宣稱睡在示羅（Shiloh）廟約櫃前，以接收神的話。

> 瑞典哲學家斯威登堡（Emanuel Swedenborg，1688～1772）相信，神的話並不限於《聖經》中，若在顯微鏡下找不到神聖的密碼（他沮喪地發現真的找不到），那麼也許會在夢境中出現，因為夢帶有神靈祕密。他建議以睡眠不足與不規則，來引發更鮮明與更多的夢境。
>
> ——威爾森

我國民間流傳《周公解夢》，為後人借周公之名，列舉夢境與預測吉兇，因夢為神的指示。道教與民間信仰中，鬼神如有意思表示，可在人的夢中交代，或以各種情景示人，預知吉凶禍福。呂洞賓廟多半有禪房，供檀越休息待夢。

文學作品中的夢、鬼神等，反映人性，西方大文豪莎士比亞是個中翹楚，其著名悲劇《馬克白》（Macbeth），描述大臣馬克白渴望權力而殺國王的故事。劇中有女巫、幽靈鬼魂、幻象，例如，馬克白看見一把染血匕首飄浮向國王的寢室，將弒君合理化；指使馬克白弒君的馬夫人，在夢遊中以為自己手上有不能洗淨的血污，

其實來自弒君的罪惡感；馬克白看見的另一被他殺害者的鬼魂，也是他殺人不安的產物。

> 「無所不知」的鬼神，所知道的其實只是「自己知道」的事，而「自己不知道」的事，鬼神也不可能知道，這與精神分析所說的潛意識外射，可說不謀而合。
>
> ——王溢嘉（1950～），醫學作家

2009年，有媒體標題「媽咪把我生回來」，內容為4歲女童車禍過世，母親說愛女托夢交代把她生回來，女童還提醒媽咪「一定要記得喔！」2013年，台北市有陳姓婦人，到在台安醫院丟鹽酸，因她夢到被人陷害，卻不知對方是誰，後來到廟裡擲筊，神明「指示」為該醫院。

典型在夙昔

司馬遷的《史記》〈滑稽列傳〉，記載「河伯娶親」故事：西元前4百年，戰國時期，西門豹被派到今河南安陽的鄴城當縣官。他看到這一帶人煙稀少，滿目荒涼，就問老百姓們是怎麼回事，一位老爺說：都是河伯娶婦鬧的。河伯是當地漳河的神，年年都要娶一個漂亮的姑娘，若不送去，漳河就要發大水，把田地村莊全淹了。

西門豹仔細打聽，知道是地方貪官跟巫婆串通作怪。等第二年河伯娶婦這天，西門豹到現場，當地大小官和巫婆也全到了，他就說要看看河伯的新媳婦。當他看見那個要嫁給河伯的不幸女子時，就對巫婆說：「怎麼找了這麼一個醜丫頭？請你去告訴河伯一聲，等找到漂亮姑娘再給他娶媳婦！」他的隨從立即把巫婆推到漳河裏去。等了一陣子不見巫婆上來回報，就要巫婆的徒弟和合夥官吏下河詢問，也把他們扔進河裏。這一來，那些狐群狗黨都嚇壞了，個個跪地磕頭求饒。從此，即無河伯娶媳婦的事。西門豹帶領百姓挖河修壩根除水害；漳河兩岸年年豐收，民眾非常感激西門豹。

相互輝映的是，「醫學之父」希波克拉底（Hippocrates，前460年～前370年，其醫師誓言，沿用到今天），將醫學帶出迷信，曾說：「人會將癲癇視為神賜的疾病，主因是不瞭解。」古代缺乏科學教育的時代，還有人如此看清裝神弄鬼的真面目，實在讓人敬佩。

第二章
宗教的誕生與演化

宗教的起源

▼洞穴壁畫的野獸圖像。圖片來源：維基百科

　　宗教是人的創造物，常有「誕生、成長、競爭、繁衍、死亡」的生命特性。美國人類學家華勒斯（Anthony Wallace，1923～）估計，1萬年來，人類創造的宗教至少10萬種，有的曇花一現，少數源遠流長。

　　2000年，光是在美國，超過1500個教派，其中24個的信徒各超過百萬人；每年捐款超過6百億元（尚不包括蓋教堂、宗教醫院學校與國外傳教費）。

　　宗教的創造與當時的文化有關，早期的神靈和人容易理解的太陽、動物等有關。古希臘的神則人模人樣。亞伯拉罕神

則為男性國王與唯一真神。若此「造神」程序一直延續到今天，則手機為當前主神。

——史坦格（Victor Stenger）

美國物理學家，2007年

　　幾乎所有的宗教應允信徒來世更好，神曾幫他們渡過難關，這對遭遇困境的信徒，是很大的慰藉。宗教促進原本陌生甚或懷疑信徒間的團結，形成家族般的組織，有助於社會進步。

　　舊石器時代，洞穴壁畫的野獸圖像，遍佈利器刺傷痕跡，應是行法術以增加狩獵命中率。尼安德特人和山頂洞人等的墓葬中，屍骨上撒滿紅粉及砂石，可能是以血色物行法術，以求死者死後安穩或再生。古人幻想「神人感應」，包括施行法術、針刺木刻人形、佩戴玉石等。當宗教及神靈觀念形成，巫術法術多成為信仰的附屬行動。巫術與神諭有助於解決社會爭論。

　　交感巫術指人們相信，透過對符號與影像的控制，就能影響影像代表的人物，例如，把針插入代表某人的布娃娃，就可傷害其人。大多數宗教儀式包括交感巫術，例如，墨西哥阿茲特克（Aztec）人認為祭祀雨神時，犧牲的兒童必須流淚，山谷才會降雨。基督教的受洗可以驅除惡魔，但是為了淨身再生，必須在羔羊血中受洗。

——威爾森

　　現代人類學之父的英國人類學家弗雷澤（James Frazer，1854～1941），出書《金枝：研究魔術與宗教》，描繪儀式、禁忌、崇拜、以人當犧牲、漸亡的神、代罪羔羊、圖騰等。人類信仰的演

▼基督的洗禮：達文西畫作。
圖片來源：維基百科

▼英國人類學家弗雷澤。
圖片來源：維基百科

化，是從「魔術」演化成「宗教」。原始人認為巫術可控制自然，例如，對某物的相似物作法，就可影響該物。但當人類不相信這種虛擬力量時，則轉移為對超自然的撫慰。巫術之一是，撒水在地上以祈雨；宗教則信神統治世界，而可向神求雨。

英國人類學家泰勒（Edward Tylor，1832～1917）認為，宗教源自對世界現象的解釋；原始民族使用夢（神靈會出現），當作心靈獨立於身體之外的指標，繼而相信來世。原始宗教乃「萬物有靈論」，賦予萬物「神靈」。

法國社會學家涂爾幹（Émile Durkheim，1858～1917）表示，經由共同參與儀式，宗教凝聚族群，具有穩定社會秩序功能。英國波蘭裔人類學家馬凌諾斯基（Bronislaw Malinowski，1884～1942）主張，巫術和宗教等是為滿足個體的心理需要、減緩生活壓力、有助於面對生死考驗、也保護部落的傳統和價值觀；亦即，生物性、精神性、規範性等功能。奧地利精神分析學家佛洛伊德認為宗教是幻覺（渴望其信仰為真）、源自未滿足的心裡需求。

民俗信仰較原始，宗教則較具組織規模，包括教義、儀示、教士等。

▼法國社會學家涂爾幹。圖片來源：維基百科

▼英國人類學家泰勒。
圖片來源：維基百科

▼奧地利精神分析學家佛洛伊
德。圖片來源：維基百科

困境的啟示

　　1929年，美國大蕭條，百業受損，但「宗教信仰業」生意興
隆，上教堂的人數激增。一項2007年研究也顯示，美國在經濟衰退
時，福音派教堂大為增加。人們遭遇不幸時，除了想知究竟，更想
獲得慰藉，而宗教信仰很管用。

　　　人為何要宗教？因唯有宗教可提供廣泛的與不盡的需求。

　　　　　　　　　　　　　　　　　　——斯塔克（Rodney Stark）

　　　　　　　　　　　　　　　　　　美國社會學教授

公元前1千年以來，希伯來人遭受埃及、亞述、巴比倫、波斯、希臘羅馬等奴役。《聖經》中「犯罪、受罰、悔過、得救」等主題循環呈現，反映希伯來人長期在苦難中，以己罪解釋遭遇，而冥生「救主」相助的幻象。

在人類缺乏知識的「黑暗時代」，遐想鬼神具有人的認知意圖，又可助人趨吉避凶。今日的原始部落中，若孩子生病，就將矛頭指向邪惡的巫師、找巫師下符咒的敵人、孩子出生時沒獻上山羊供奉神明。

> 宗教主要是以恐懼為基礎，包括對未知世界的害怕，祈求在困難中有個老大哥助一臂之力。在教堂裡，你聽到信眾貶低自己、自認為可憐的罪人等，像是卑鄙而缺乏自尊的人。其實，我們不要到處尋找子虛烏有的幫助，也不幻想天上的救星，而寧可腳踏實地，依靠我們自己在地上的努力，把多少世紀以來，基督教會造成的世界，改造為適於生活的地方。
>
> ──羅素（Bertrand Russell），英國哲學家
> 1950年諾貝爾文學獎得主

人在年幼時遐想各式超自然力；成長過程中，我們逐漸務實，但在遭遇困難時，一些人被超自然觀誘惑，而轉向宗教。美國德州大學惠得森（Jennifer Whitson）和西北大學葛林斯基（Adam Galinsky）曾在《科學》期刊，發表研究結果指出，失意者更容易在「其實沒意義或模樣」看出某些意義，因為失意時更容易退化回「易於相信超自然力的狀態」；走向宗教信仰是「最小阻力」的，而不信仰宗教則需相當的努力才做得到。

諸如遠洋捕魚和地底採礦等，從事較高風險行業者較易產生超自然儀式。1914年到1918年，馬林諾斯基在新幾內亞田野調查，發現島民出海越遠，迷信儀式越複雜，而內海捕魚幾無迷信儀式。信仰的功用在應付不確定性引起的焦慮，神話是現實的神祕遐想。另外，神話也是對現實世界的缺憾而起的補償，例如，人無法長生不死，就構思讓人永生、起死回生的神祇。

台大經濟系教授熊秉元提到，有學者平日奉理性思維為圭臬，但是當他罹患癌症，面對死亡時，卻相當恐慌，理性思維幫不上忙。此時，宗教卻可著力，例如，生老病死均為過眼雲煙，參透人情世事的妙方為「歸零」，則可「心如止水」。

美國心理教授帕格曼（Kenneth Pargament，1950～）指出，處理生活壓力的三種層次為（1）順從：全部問題讓神處理。（2）自主：神已提供助力。（3）合作：神為夥伴。合作模式具有最大的心理效益，又和較多自尊與較低憂鬱相關。

逐漸「神化」：全能的魅力

古人崇拜自然是因天災難測而威脅不明，大自然就成為原始部落之神，導致圖騰崇拜等，形成氏族的信仰。若與氏族有諸如血緣的密切關係，則崇拜氏族神能加強氏族的凝聚力，也區隔不同氏族。

神被人格化可以有2種方法，第一種是附加於已存在的人或物上，例如，出現於原始部落的太陽神。第二種是創造一獨立人性個體，例如，基督教所為。

古人利用宗教神話強化君主統治，例如，巴比倫的統治者自稱「月神的後裔」，古埃及的法老自稱是「太陽神的兒子」，中國的君主自稱「天子」。

佛教經歷從無神到有神、從一神到多神的歷程。早期,釋迦牟尼不是造物主般的偶像,後來逐漸被神化,尤其是西元前後,大乘佛教興起時,被拱成神通廣大、大智大慧、全知全能的至高神。佛教從印度傳教到東方各國後,結合各地民俗信仰更是法力無邊。藏傳佛教還有現實世界的神「活佛」,他還會轉世再生。

觀世音菩薩意指「觀察世間聲音」的菩薩,為西方極樂世界教主阿彌陀佛座下的上首菩薩。在中國,宋朝以前,觀世音菩薩造像為男身。宋朝之後出現了按中國宋代仕女形象而塑造的「魚籃觀音」、「白衣觀音」等,並逐漸成為主流。道教稱之為「觀音大士」、「慈航真人」。民間則認為祂救助婦女兒童,協助孕婦順利生產,因此尊為「送子觀音」,而以懷抱幼童為像,又稱「觀音媽」。宋朝泉州太守蔡襄,獲悉洛陽江常有人渡江溺斃,於是發願興建萬安橋;居然,觀音菩薩化身為手提魚籃的美麗少女,向公眾籌募建橋經費,該化身被稱為「魚籃觀音」。怪哉,菩薩萬能,哪需拋頭露面募款?

西元142年,東漢張道陵綜合傳統的鬼神崇拜、陰陽術數巫術等,創建道教。隋唐時,道教引入佛教的木魚、圓磬與鐘等法器、超度法事。佛教的抽籤則從道教引入,亦即,兩教互通有無。東晉葛洪《抱朴子》是道教理論的第一次系統化,充實了道教思維體系。唐高祖李淵認老子李耳為祖先,道教因而備受尊崇,成為國教。道教早期雖然不供俸神像,但為了傳播方便而開始塑造神像供俸,也將媽祖納為其神祇。

媽祖原名林默,生於五代末年或宋初的福建湄洲島。現存關於媽祖最早的文獻,是南宋紹興20年(1150年)的〈聖墩祖廟重建順濟廟記〉:「世傳通天神女也。姓林氏,湄洲嶼人。初以巫祝為事,能預知人禍福……」亦即,媽祖原為女巫。媽祖應是從閩越的

巫覡信仰演化而來，發展過程中吸收千里眼與順風耳等其他民間信仰，又納入儒佛道教，從諸多海神中脫穎而出。自北宋開始神格化，以對女性祖先之尊而稱媽祖，並建廟膜拜，復經宋高宗封為靈惠夫人，成為朝廷承認的神祇，直到清咸豐皇帝，媽祖名號已由「夫人」、「妃」、「天妃」，直至「天后」。但中國文化大革命時，媽祖發源地湄州島上的廟宇和相關文物，摧毀殆盡。神自身難保，何以佑人？

▼中央研究院院士顧頡剛
（1893-1980）。
圖片來源：維基百科

　　著名史學家顧頡剛院士提出「層累造成說」：（1）時代愈後，傳說的古史期愈長，如周代人心目中最古的人是禹，到孔子時有堯舜，到戰國時有黃帝神農，到秦有三皇，到漢以後有盤古。（2）時代愈後，傳說中的人物愈來愈強大，或更具神通[1]。

台灣神祇

　　台灣民間信仰結合中國儒、釋、道3教。閩客移民渡海來台時，大多迎請海神、故鄉地方神祇，分靈事奉，成為移民的心靈寄託，而信奉同一神明也產生了同鄉之間的意識形態認同。例如，漳州府籍移民祭拜開漳聖王、泉州府同安籍移民祭拜保生大帝、永春直隸州籍移民祭拜清水祖師、興化府籍移民祭拜媽祖、潮州籍移民

---

[1]　南投聖義廟祀奉的主神「紅旗公」，原為清朝捕頭蘇阿乖，光緒3年被土匪殺死，地方人士將他葬樹下。接著，有人宣稱午夜看見紅火從樹梢飛出，當為蘇捕頭顯靈，就尊稱「紅旗公」，後來擴建成廟，而紅旗公也晉升為「聖義元帥」。

祭拜三山國王。

另外，移民渡過台灣海峽時，可能遇急流與颱風，所以隨船供奉與海洋有關的神明，例如，媽祖與玄天上帝（北極星神），以求平安渡台。抵台後，就把隨船而來的神像奉祀廟中，這就是台灣媽祖神最興盛的原因。接著，開拓之初，迎接的是瘴癘瘟疫。移民缺醫生與醫藥，就藉供奉瘟神以驅除恐懼心，這是王爺神高居首位之因，拜瘟神時將王爺船，祭典後燒掉或送出海，表示將瘟疫驅出境；所造的船由簡單的紙糊，演化成木製，裝飾品更趨豪華與現代化。

台灣俗諺：「三月瘋媽祖」，這「瘋」字表示信徒對媽祖的狂熱和崇拜[2]，所以每年媽祖誕辰都很熱鬧[3]，民眾抬著神轎，信徒為求媽祖賜福，紛紛臥倒，讓抬著媽祖神像的大轎從自己身上越過。2012年，馬祖以公投決定，是否開設賭場觀光飯店？連江縣長說，馬祖人都拜媽祖，雖然他是縣長，但大事還得向媽祖請示，他不敢擅自作主，結果，公投前以3聖筊求神決定。有如不問蒼生問鬼神。

2012年底，北市登記有案宗教類別計有14種，主要為道教、佛教、基督教、天主教；寺廟神壇最多，計有1857座。奉祀主神中，以土地公210座最普遍。西方教會則以基督教372處居冠，占9成。

---

[2] 2011年，我國氣象局在宜蘭外海建置海嘯預警系統，英文縮寫「MACHO」，中文稱「媽祖計畫」，有人很喜歡，認為這個計畫會像媽祖一樣保佑大家。宜蘭漁民原要求氣象局賠償施工期間的漁撈損失，但聽到該計畫叫做「媽祖計畫」後，就不索賠，因為漁民最尊敬的就是媽祖。

[3] 神明遶境時，出現「媽祖有交待，小心扒手」的警告牌子；為何神力不足以保護信徒？2010年，台中大甲鎮瀾宮為其媽祖雕像，投保1億5千萬元保險，加裝30支監視器、24小時監控。2009年，小偷進入彰化鹿港天后宮拿金牌，但觸動保全警報系統而被制伏，廟方說媽祖靈驗，讓小偷無所遁形。為何神需保全？

▼全台最高的媽祖神像，高一百台尺
　（桃園新屋天后宮）。
　圖片來源：維基百科Dli184

琳瑯滿目的世界宗教

曾獲1986年麥克阿瑟基金會天才獎、致力於揭發騙術的魔術師藍迪（James Randi，1928～）指出，詐欺者和幻覺者一直出現，「每分鐘均有受騙者誕生」，到處都有獵物和獵者，這是長久以來的自然生態。

英哲羅素反對英國加入第一次世界大戰，而被捕入獄，典獄長問他信仰那一宗教，羅素答「agnosticism」（不可知論），典獄長不懂而問他怎麼寫，然後嘆氣：「唉，世界上有許多宗教，不過我猜它們應都拜同一神。」羅素說這句話讓他足足開心了一週。

目前的十大宗教為（1）亞伯拉罕教：猶太教、基督宗教、伊斯蘭教。（2）印度教。（3）佛教。（4）道教。（5）無為教。（6）神道。（7）諸如關公等華人信仰。（8）諸如婆羅門教等。（9）諸如祖靈崇拜等原始宗教。（10）諸如山達基等新興宗教。

主要宗教創始人

古來，族群領袖依需求而創建宗教，戲法人人會變，不乏創意。《維基百科》列出宗教史上著名的開山祖師，如下。

	開山祖師	宗教名稱	時間
1	摩西	猶太教	約西元前1600～1100
2	瑣羅亞斯德	瑣羅亞斯德教（即拜火教）	約西元前1000年或更早
3	龐皮利烏斯	律條化和組織羅馬教	約西元前717～673
4	笩馱摩那	耆那教	約西元前599～527
5	釋迦牟尼	佛教	約西元前563～483
6	耶穌	基督教	約西元前4年～西元後30
7	張道陵	道教	西元34～156
8	摩尼	摩尼教	約西元210～276
9	穆罕默德	伊斯蘭教	約西元570～632
10	菩提達摩	禪宗	約西元6世紀
11	拿那克	錫克教	西元1469～1539
12	中山美伎	天理教	西元1798～1887
13	史密斯	耶穌基督末世聖徒教會（摩門教）	西元1805～1844
14	巴孛	巴比教	西元1819～1850
15	巴哈歐拉	巴哈伊信仰（巴哈伊教）	西元1817～1892
16	阿赫默德	阿哈默底亞會	西元1835～1908
17	羅素	耶和華見證人	西元1852～1916
18	克勞利	泰勒瑪	西元1875～1947
19	吳文照	高台教第一名門徒	西元1878～1926？
20	賀伯特	山達基教	西元1911～1986
21	文鮮明	世界基督教統一神靈協會（統一教）	西元1920
22	雷爾	雷爾運動	西元1946

近代自稱為神的名人

1. 洪秀全[4]（1814～1864）：自稱是耶穌的弟弟，耶和華的次子，下到人間來替天行道。領導太平天國運動，後來被消滅。

2. 貝克（George Baker，1876～1965），非洲裔美國人，自稱天父。

3. 米契爾（Hulon Mitchell，1935～2007），自稱「亞威」（Yahweh ben Yahweh），創建「亞威國」（美國黑人至上主義者運動）。

4. 又吉光雄（1944～）：自稱「唯一神基督耶穌又吉光雄」的日本人，1997年以耶穌的名義成立世界經濟同體黨。

5. 沃里隆（Claude Vorilhon，1946～）：法國人，於1973年創立宗教組織「雷爾運動」（Raëlian Movement），宣稱他見過造物者「耶洛因」（Elohim，意指「從天上來的人」、創造地球人的外星科學家），造物者要求將訊息傳播給全世界，以及建造耶洛因大使館。人類是耶洛因利用基因技術創造的。

6. 拓洛普（Sergey Torop，1961～）：長鬍長髮，穿著亞麻長袍，頗具神聖人物形象。自稱耶穌基督轉世。

7. 詩麗芭絲她（Nirmala Srivastava，1923～2011）：印度女士，自稱聖靈化身，所有其他諸如耶穌等均為她的不同顯示。

8. 湯姆（John Thom，1799～1838）：英國人，自稱是救世主、耶穌基督轉世。

---

[4] 清朝洪秀全建立太平天國（1851～1864），自稱「天王」。他多次鄉試落選，不堪打擊而重病，宣稱昏迷中聽到：「奉上天的旨意，命他到人間來斬妖除魔。天下將有大災大難，唯信仰上帝入教者可以免難。」

9. 瓊斯（Jim Jones，1931～1978）：美國人民聖殿教（Peoples Temple）教主，自稱耶穌、釋迦牟尼佛、列寧、聖父等的轉世。在南美建立組織，最後導致槍殺與毒死等，共913人死亡。

10. 阿普懷特（Marshall Applewhite，1931～1997）：美國天堂門（Heaven's Gate）教主，宣稱：「我，耶穌－神之子」，兩年後，為了要搭乘達藏在海爾－博普（Hale–Bopp）彗星後面，外星太空船[5]而集體自殺，共39人死亡。

11. 巴哈歐拉（Bahá'u'lláh，意為「神之榮耀」，1817～1892）：伊朗人，創立巴哈伊教，主張宗教的歷史是神差遣先知，對人類進行教化的演化過程，神派遣列代聖使亞伯拉罕、摩西、佛陀等，而巴哈歐拉是其中最新的一位。

12. 魯烏（George Roux，1903～1981）：自稱為「喬治基督」（Georges-Christ）的法國人，創立世界基督教會，宣稱自己為耶穌、神。

13. 麻原彰晃（1955～ ）：日本奧姆真理教的創始人，該教內部所制定的奪取日本政權和建立神權統治的「日本香巴拉化計畫」中，尊稱麻原為「神聖法皇」。經常在公眾顯示自己在空中漂浮的能力，藉以吸引信眾。1994年，宣布自己是明太祖朱元璋轉世，後來又宣布是埃及國王轉世。1995年，因主謀東京地鐵沙林毒氣事件，傷亡多人，而遭判死刑。

14. 考雷什（David Koresh，1959～1993）：領導美國大衛教派（Branch Davidians），自稱最後的先知和神子，宣揚1993年為世界末日，教徒們要和異教徒戰鬥，犧牲者方可進入天堂。結果，與與政府人員槍戰死亡。

---

[5] 其信徒曾買望遠鏡來觀察，但接著退貨，因為望遠鏡沒用，看不到彗星後面來接信徒的太空船。他們深信科幻故事《星艦奇航記》（Star Trek）。

15. 歐特加賀南得（Oscar Ortega-Hernandez，1990～）：2011年11月，槍擊美國白宮（總統住處），因自認為耶穌，而要槍殺總統，因總統反耶穌。

16. 密勒（Alan Miller，1962～）：澳洲人，曾參與耶和華見證會，現為神聖真理（Divine Truth）領袖，自稱耶穌轉世；其女伴喇克（Mary Luck）自稱為抹大拉的瑪麗亞（耶穌最重要女信徒）轉世。他一直小心整頓外表，讓自己看起來像傳統的基督形象。「真的，我的名字是耶穌，2千多年前，我們首度來到地球。在逐漸長大時，我體認自己為古代先知所稱的彌賽亞；這是神的旨意。」

17. 亞敏努丁（Lia Aminuddin，1947～）：印尼人，在1998年宣稱見到天使加百列，確認自己為彌賽亞，在世界末日前帶來預言；有時自認為聖母瑪麗亞，而其子為耶穌轉世。

> 美國國家衛生研究院院長柯林斯（Francis Collins）常提，耶穌是在人類史上，唯一人曾經宣稱自己是神的（雖然這會使得在第一世紀時，一個沒有受過教育的木匠的意見變得可信）。柯林斯似乎不知隨時有許多聖人、瑜伽修行者、騙子、精神分裂症患者等，自稱為神，而此事由來已久。例如，40年前，一個其貌不揚的曼森（Charles Manson），說服了美國南加州聖費爾南多眾多追隨者，宣稱他是神和耶穌。他仍活著，只是在州立監獄中。
>
> ──哈里斯（Sam Harris）
> 美國神經科學家

全知全能神為何容許這麼多凡人「狐假虎威」？

近代宗教如何崛起？

1936年，韓人文鮮明（1920～2012）在復活節晨禱時，認為耶穌基督向他顯現，要他繼承自己未完成的使命，肩負起在地球上建立天國的使命[6]。文鮮明原為長老會信徒，但1948年被逐出教會。1954年，他創建統一教（「世界基督教統一神靈協會」），宣稱言論集《神聖原理》為神完全啟示。入教宣言為：「我確認以下的事實：我相信神，我們在天上的父正通過文鮮明牧師在地上動工……我願全心全意支持原理的理想和神的盼望……貢獻出我的時間、財力以支持統一教會的事工。」

教主文鮮明夫婦為「真父母」（難道生父母是「假父母」？），就如救世主，由神差遣來到世上，所有人經由真父母重生，而成為神的真子女；要通過絕對的信仰與絕對的服從，成就神人愛一體的理想。

培訓教徒的方式包括：若你不同意或反對他的規條，就是表示撒旦在你身上作用敵擋神；只能相信所教的，若離開就等於靈性死亡，肉體被魔鬼控制。因此，信徒一加入就全為文鮮明及統一教運動而活。

信徒呈交財產給統一教。統一教使用缺眠與「愛的轟炸」（love-bombing，隔離家人而在祕密地點，施以恭維和哄騙）等「洗腦」技巧，以收編新信徒。沿門托缽與挨家挨戶賣花，為教會

---

[6] 摩門教創辦人史密斯（Joseph Smith）說，1820年他15歲時，做夢見到一個異象，當時真正基督的教會還不存在，要他開始建立真正的基督教會。可說所有的創教者均「有樣學樣」，反正夢神的說辭「死無對證」。關於耶教聖地耶路撒冷，文鮮明說要重建在韓國、一些台灣新約教會說要搬到高雄小林、摩門教說要重建於美洲大陸。

籌錢。1978年，英國媒體《每日郵報》（Daily Mail），以「教會撕裂家庭」為標題，報導統一教吸收新信徒的內幕，被該教控告；最後，英國最高法院判決媒體勝訴。在美國，1984與1985年間，文鮮明曾因逃稅而吃牢飯13個月。

　　統一教在台灣透過大學先生與小姐選拔，深入校園招攬教友。1975年，因9個大學生休學傳道，該教被政府禁15年。

信神的原因？

　　美國神話學專家坎莫（Joseph Campbell，1904～1987），認為神話的功能包括「對存在的神祕，具有敬畏感，生命的奧秘需要在參與神祕的儀式中，或思索神祕符號中體驗。引導個人走過生命的各階段，例如，成年禮。」

　　2011年，哈佛大學心理教授葛林（Joshua Greene）團隊，在九月《實驗心理學期刊》指出，是否信神和各人的抉擇風格有關，更依賴直覺的人顯示較高的信仰率。

　　1998年，美國麻省理工學院社會科學家沙勒維（Frank Sulloway，1947～）和加州理工學院持疑演講系列主持人薛莫（Michael Shermer，1954～），普查美國民眾宗教信仰發現，人類的認知歸因，差異相當大，詳如下表：

自己為何相信神？	別人為何相信神？
世界呈現優良設計與複雜、大自然美麗（29%）	信神給人慰藉感、生命意義、目的（26%）
日常生活中體驗神的存在（21%）	生於宗教家庭（22%）
信神給人慰藉感、生命意義、目的（10%）	日常生活中體驗神的存在（16%）
《聖經》說的（10%）	需要信仰（13%）
需要信仰（8%）	怕死和未知（9%）
	世界呈現優良設計與複雜、大自然美麗（6%）

為何神不願現身？

　　神可現身？例如，將所有星星排成一排寫著「神在這裡」？

宇宙誕生137億年來，神一直沈睡，直到距今2千年前，才想起要在地球中東地區派個代表，使用世俗國王的方式，管一管子民。祂保佑人的方式很奇怪，不直接保佑，而需人間一處女，受孕生個「獨生子」，然後弄個教廷、派駐代表。但一開始教宗命運乖舛，首位教宗是「聖伯多祿」（彼得），號稱在位34年（西元33～67），被釘死。第二位教宗「聖理諾」，在位11年（67～78），被殺殉道。不服者自立門戶產生「對立教宗」，例如，希波呂托斯（Hippolytus）由3世紀的教會分裂者選出，對抗教宗卡利克斯特一世。神誕生地中東地區幾千年來戰爭不斷，民生困苦，社會分崩離析。這是神的旨意？

> 照顧宇宙的重任讓神相當疲倦，大天使加百列（Archangel Gabriel）提議祂去度個假，「好，去哪裡呢？」加百列回答「您曾去過的地球。」神恐慌地說：「不行！2千年前，我去了，與一位已婚猶太女人發生婚外情，而讓她受孕生子，後來，孩子被處刑而死；到現在還議論紛紛。」
>
> ——艾西莫夫（Isaac Asimov，1920～1992）
> 美國名作家兼生化學家

神怎麼描述自己？職業為木匠的耶穌基督，為了所有人類的集體罪，成為代罪羔羊而遭儀式地殺害，3天後從死裡復活。他的身體迅速上天堂，然後，在那裡，2千年來，他監視與記錄成億上萬子民，他們祈禱時，隨祂高興，有時會回應而治愈癌症末期者。他有一天會返回地球，以裁定所有人的命運（是否信祂等）。

〈馬太福音〉提到，耶穌走在水上，又救彼得免於溺斃，讓「船上的人遂都拜祂說，你真是神的兒子」；神這般厲害，為何每

年全世界那麼多人溺斃？諸如1912年鐵達尼號沈沒冤死1522人，為何神不理睬？1755年，里斯本大地震和海嘯導致成千上萬人死亡，歐洲教會宣稱神懲罰當地人；當時啟蒙巨擘伏爾泰反駁說，那麼無辜的嬰兒呢？宇宙浩瀚，即使只看地球，西元一年前後時，全球總共約2億人口，一大部分受疾病與戰爭等天災人禍之苦，為何神顯示的只有中東一小部分事宜？耶穌以5餅2魚，餵飽5千人，剩下的零碎還可裝滿了12籃子。為何全球每年有飢荒死亡？

　　宇宙137億年來、地球45億年來，為何只有2千年前，中東幾位先知？幾乎全為猶太人？先知預先知道了什麼？為何神只出現在古猶太人周遭，甚至和古猶太人摔角，為何現在神就不出現？為何只出現在沒有可靠紀錄的古代？

神力無邊？

　　1999年，921大地震後，諸如南投集集鎮武昌宮等，許多寺廟教堂倒塌；宜蘭二結王公廟，擔心建物不耐震，斥資2千多萬元，從日本購買24個避震器。看樣子，神明難保其家居，還需人保護。彰化八卦山浴佛大典，為了彰顯神奇，僱直昇機撒下玫瑰花以創高潮，不幸地，旋風導致鷹架倒塌，弄得信徒傷亡；祈福變成災禍。

　　世界各地天災後，宗教建物和其他建物一樣，遭殃或甚致人於死，並無「神力」特別護佑。2011年，紐西蘭基督城（Christchurch）遭受地震，造成185人死亡。包括著名的基督城大教堂等倒塌壓死人。2010年，海地大地震，總主教繆特（Joseph Miot，1946～2010）被埋在天主教堂下遇難。2013年7月，教宗到巴西宣慰與招攬信徒，半年後（2014年1月），慰藉巴西信徒的里約熱內盧基督像，遭雷擊而右手指受傷（雖已裝避雷針）。

　　2012年，奈及利亞兩教堂遭異教徒攻擊，死傷慘重，當時飽受腿部關節炎之苦的教宗，只能呼籲和平。神那般全知全能，哪需其代言人教宗呼籲子民？2013年，梵蒂岡電台指出，每年約10萬個基督徒因其信仰被殺害。同年，美國波士頓馬拉松賽遭受伊斯蘭教徒炸彈攻擊，造成嚴重傷亡，教宗呼籲波士頓民眾「別被邪惡擊敗」。真有全知全能的神嗎？

　　西元64年，首任教宗聖彼得被殺；西元78年，第二任教宗聖理諾也被殺。1848年，教宗的國務卿在羅馬被刺身亡，教宗逃到義國南部避難兩年。1981年，教宗若望保祿二世為教徒祈福時，遭土耳其槍手射中。後來，教宗座車加裝防彈玻璃；亦即，神不保護而由

人為產品保護神代言人。

　　佛教由古印度的喬達摩（釋迦牟尼、佛陀）約於西元前第五世紀時創立，古印度建立了第一流的學術中心，如那爛陀寺等大學。12世紀晚期，信奉伊斯蘭教的突厥人入侵印度，那爛陀寺等佛教大學被夷為平地，僧侶被殺。那爛陀寺藏書豐富的圖書館被付之一炬，致使古印度佛教的典章文物幾乎喪失殆盡。2013年，佛陀誕生地又遭受異教徒攻擊。

▼神明無法保護自己聖殿：921地震，南投集集鎮武昌宮倒塌。圖片來源：維基百科

▼紐西蘭基督城教堂在2011年地震前後。圖片來源：維基百科

▼里約熱內盧救世基督像（2008年2月10日與 2014年1月17日，均遭雷擊而傷及雕像）。
圖片來源：維基百科Nico Kaiser

難怪宙斯淪落為「神話」角頭

各種宗教競爭吸引信徒。宗教團體定期的做禮拜等儀式，強化成員的隸屬感。各神競爭結果，希臘「宙斯」、中國「補天的女媧」等，均淪落為「神話」，而耶穌、阿拉、釋迦摩尼等則「神化」成真。

基督教信徒意志堅定，即使被羅馬帝國餵獅子，也不改其志。教會派了就去，即使蠻荒未闢的食人族之地亦然：英國傳教士威廉斯（John Williams，1796～1839）被派到南太平洋傳教，所向披靡，各地土著均隨他改信。他有10個小孩，但只有3個存活，他這

般遠赴重洋為神奮鬥，神居然沒護佑他孩子；1839年，他到埃羅芒阿島（Erromango，今天萬那杜Vanuatu共和國）傳教，但居民不但不領情，反而將他吃掉；神怎沒護佑他這位開疆闢地的信徒？總之，神旨要求傳播福音，不計生死，難怪基督教躍為世界最大宗教。相對地，希臘神缺乏「赴湯蹈火在所不惜」的傳教士，只好淪落為不能當真的神話。

　　關於信仰，純理性的思考因為不流血，沒有吸引力。把神祕的神聖感除去後的宗教儀式，將失去情緒上的震撼力，因需透過對更高權威的服從，以滿足對團體盡忠的需求。

　　　　　　　　　　　　　　　　　　　　　——威爾森

第三章
宗教文物的奇與妙

各神話相通

宗教經典均為人的著作,但可假借神名而「為所欲為」。誰能證明經典是神的指示?

> 在劍橋學院晚宴中,我提到非洲中西部泛族(Fang)人說「巫婆具有額外器官,可在夜半飛翔、傷害民眾作物」,某天主教神學家說:「你這人類學家需要澄清,人怎會相信這些荒唐事宜?」但是,當泛族人聽到天主教的「三人其實是一人」(三位一體)、「兩位人類祖先在花園吃了蘋果導致後人不幸」(亞當夏娃故事),也覺得荒謬。
>
> ——波意爾(Pascal Boyer,1955~)
>
> 法國人類學家

《聖經》的創世故事,和巴比倫創世神話「埃努瑪唉立什」(Enuma Elish)很相似,後者約為西元前7世紀紀錄。《聖經》內容包含不少遠古神話遺跡,例如,亞伯拉罕招待化身為人的神和神使作客、神降火毀滅罪惡之城、雅各與神摔角。亞伯拉罕「燔祭獻子」、士師耶弗他將獨生女獻祭等,與當時流行於美索不達米亞的風俗一樣。

▼巴比倫創世神話「埃努瑪唉立什」主角。
圖片來源:維基百科

西元前1772年,古巴比倫國王漢摩拉比(Hammurabi)頒布法典,刻在石碑上,漢

摩拉比從太陽神夏馬修手中接過權杖，下刻
法典全文。漢摩拉比法典重要的原則是「以
牙還牙，以眼還眼」。這與《聖經》神頒布
律法給摩西類似。

▼古代巴比倫國王制定
「漢摩拉比法典」的
石刻。
圖片來源：維基百科
Sailko

　　《聖經》有洪水故事，但早它5百年，已
有「巴比倫版」（Epic of Gilgamesh）洪水：
眾神為解決人口問題，以洪水毀滅人類，其
一神偷偷把這事告訴祂喜愛的人。與《聖
經》一樣，神吩附他造船，讓親人與生物都
登船。洪水來時，他自己關船門（《聖經》
寫神幫挪亞關），停雨後他開船窗，也放鳥測試洪水退了沒。上岸
後，也獻食物給神，神也聞到香味。眾神也為此後悔，以後再也不
以洪水毀滅人類[1]。

　　另有比《聖經》早1千年的「古巴比倫版」和「蘇美爾版」，
洪水情節均相像。

　　《聖經》的一些故事，和古羅馬詩人維吉爾（Virgil，前70～
前19年）作品《牧歌集》（Eclogues）相像，例如，《牧歌集》：
「（那個孩子）將接受神的生命；他將看見偉人中的神靈，神靈中
的偉人。他將會把自己顯現於他們。」〈馬太福音〉：「當他們
（智者）進入房間時，便看到了那個孩子和母親；他們立刻跪了下
來，表示對他的敬意。」

---

[1] 2009年，美國眾議員辛克斯（John Shimkus）不認同全球暖化，因為《聖
經》說，神已在大洪水後，向諾亞應允絕不會如前的毀滅生物。

史懷哲懷疑是否真有耶穌

《聖經》自稱其內容「都是神所默示的」（提後3:16）。第四世紀耶教成為羅馬帝國國教後，教會逐漸形成一些增補的教導、禮儀，被教會認為也是神所啟示的基督教信仰的必要部分，與《聖經》一樣重要。但後來馬丁路德等人，反對羅馬公教與教宗對宗教詮釋的權威，要求宗教改革，提出「唯獨聖經」，因此，基督新教只承認《聖經》為信仰的唯一正確、不變經典。

19世紀開始出現自由派基督教（Liberal Christianity），認為《聖經》中間有些部分只是傳說、寓言，《聖經》中也有錯誤、過時的內容，包括歧視女性、允許奴隸制度、歧視同志與屠殺等，質疑「唯獨聖經」。基督教有許多不同的教派，對教義詮釋有些差異。

基督教《聖經》作者40多人，前後寫作時間約1600年。基督教形成以後，基督教的《舊約》和《希伯來聖經》開始有些微獨立的演化，基督教不同教派又產生歧義。《新約》是耶穌死後，其門徒寫成，最早的《新約》以希臘語在1世紀寫成，全部於公元4世紀定案。大部分的卷書在創作後，都經過長期修改，才形成現今所知的《聖經》。

偽經（Pseudepigraphos）意為「託名假造之作品」，個別宗派會將不合己意或在其體系中難相容的經典斥為「偽經」，故「偽經」的判別並沒有一致的標準，例如，〈以諾書〉原為正典，但後期被列作偽經。一些派別認為，〈約拿書〉只是民俗傳奇，〈創世記〉亦然。在1世紀末和2世紀初，基督徒掀起假託耶穌的門徒，匿名寫福音書的熱潮，例如，〈彼得〉、〈瑪麗亞〉、〈腓力彼〉、

〈多馬〉福音等，但被天主教會認為是偽經。至於〈馬太福音〉、〈馬可福音〉、〈路加福音〉、〈約翰福音〉，這4篇福音是在西元190年左右被天主教會確認為真經。這4篇福音書的最原始的版本均下落不明。

《舊約》有諸多問題，例如，包括埃及公主相救的摩西生平，就像希臘民間英雄傳說的翻版；摩西岳父的名字在各章節不同、亞伯拉罕獨生子以撒的年齡，在各章節也迥異等，可知《舊約》（神的話）只是收集各地神話，但缺乏細心編輯修補。

《新約》內容有不少矛盾，例如，在〈馬太福音〉中，由亞伯拉罕到約瑟一共42代，但在〈路加福音〉中，由亞伯拉罕到約瑟則只有36代，兩說除了代數不同，人物也不盡相同。耶穌的存歿時間也出問題，因〈馬太福音〉和〈路加福音〉記載，耶穌誕生於猶太希律王時期，但歷史上，希律王死於西元前4年。然而〈路加福音〉卻說耶穌誕生時，羅馬該撒亞古士督通過敘利亞巡撫居里紐，對猶太人報名上冊，可是歷史上，此事發生於西元後6年，在羅馬帝國吞併猶太之後不久舉行。質疑《新約》者，被稱為「疑經派」，最著名的當數基督教徒史懷哲（Albert Schweitzer，1952年諾貝爾和平獎得主，1875～1965），在其著作《歷史性耶穌的謎團》（The Quest for the Historical Jesus）提出：「（《聖經》中描述的）拿撒勒人耶穌……從未存在過。」

挑選、翻譯、編輯

幾千年前，全能的神沒指導其子民，創造出影音紀錄等工具，卻創造出許多種語言，結果，衍生許多真假文件與翻譯爭議。資料龐雜，古代諸多編譯者，取捨之間是否自由心證？

> 我們剛發現所謂的基督宗教只是幾十教派之一，因此，誰從
> 中挑選出今天教義的？為何只挑這些成為教義？為何其他的
> 被貶為異端、視為危險？
>
> ──佩潔絲（Elaine Pagels）
> 美國普林斯敦大學宗教教授

　　古文反映古代的自然環境與文化意涵，即使翻譯成當時附近的
外語，也產生困擾，遑論今天多變的環境與語意。

> 我不懂希伯來文、希臘文、阿拉伯文，遑論它們的古語版，
> 需依賴英語譯本，這就牽涉取捨。我常參考《新訂聖經標準
> 版》，也參閱《欽定本聖經》。至於《古蘭經》……我多閱
> 各版本，看看是否有共識；不會帶有色眼鏡挑選自己喜歡的
> 翻譯。
>
> ──懷特（Robert Wright），2009年
> 美國賓州大學宗教教授

　　《聖經》相當多字，舊約30萬字、新約14萬字，抄寫容易出
錯，因此，各古代手稿顯現差異，有些差錯導致嚴重後果。有些書
寫者自行插入字，以為可澄清語意。幾千年來，怎知那一本是「原
版」或「最正確版」？

　　爭議之一為「七十士譯本」，源頭是，亞歷山大大帝征服希
伯來人的猶太原居地後，希伯來人也易名為猶太人，並散落到希臘
帝國各處。西元前3世紀，希臘化的埃及托勒密王朝君主托勒密二
世，召集70多位懂希臘語的猶太人，集中整理猶太教文獻並譯成希
臘語，即目前基督教使用的希臘語《聖經》中的《舊約》。幾部在

希臘文七十士譯本，但不在希伯來文《聖經》的著作，稱為次經
（Deuterocanonical Books）。一般認為，這些著作是猶太教抄經士
在後期加入，或在翻譯的過程納入正典。對於次經的地位，教會中
有兩意見，其一以聖奧古斯丁[2]為代表，認為次經乃是《聖經》的
一部分；而另一派人則認為不能作為教義。

　　《聖經》一開始「起初，神創造天地」（創1:1），就出現翻
譯問題，應為「諸神」而非「神」，因希伯來文Elohim（神El的複
數）是英文Gods、中文「諸神」。

　　希伯來文מ"דא，可翻譯為a man（一個男人）或Adam（亞當）；
這在〈創世記〉的翻譯，弄得天下大亂。希臘字Χριστός，可翻譯為
Christ（耶穌）、anointed one（受膏者）、Messiah（彌賽亞）。

　　「耶穌」和「約書亞」為同一名字，前者為希臘文的音譯，後
者為希伯來文的音譯。「保羅」（希臘文）也是「掃羅」（希伯來
文）。

　　猶太教《塔納赫》（Tanakh）成為基督教《舊約》，但也有翻
譯問題，例如，希伯來語中的「少女」（almah）產子，翻譯時使
用了希臘語的「處女」（指瑪麗亞）；此應為最嚴重的誤譯，結果
導致瑪麗亞童女生子等一連串錯誤「佈局」。又如創世第5天，水
中充滿生物，包括鳥，教徒說是翻譯錯了，應為水中昆蟲。

　　英文《聖經》有許多不雅（淫穢等）字眼，中文翻譯用語較
「溫和」，例如，描述十誡，英文jealous表「嫉妒」的神，但中文
版譯成「忌邪」的神，怎成「避開邪惡」之意？中文譯者為維護神

---

[2]　聖奧古斯丁（St. Augustine）曾為摩尼教徒，該教源自古波斯祆教，為西元
　　3世紀波斯人摩尼（Mani，216～276）創立。將基督教與祆教教義混合而
　　成，主張光與暗，善與惡，永遠是敵對與競爭。摩尼242年在巴比倫傳教，
　　276年被釘死於十字架。

的面子,已有「竄改」嫌疑。

從多神到一神

　　古代各式民俗信仰相互影響,亞伯拉罕教源自多神信仰,但後來獨尊一神,編纂《聖經》時,刪除文獻中多神傳說,但有時百密一疏地露出馬腳,例如,「神的兒子們和人的女兒們交合生子」(創6:1-4),這源自類似希臘的英雄神話。在「上帝主持天庭的聚會;在諸神的會議中行判斷」(詩82:1)後,上帝說:「你們是神」。亞當吃了禁果後,上帝說:「那人已經跟我們一樣,能辨善惡」(創3:22)。人要造巴別塔,免得被分散到世界各地,但神說,以後人可為所欲為,於是,「來吧!我們下去攪亂他們的語言(創11:4-7)」。在在顯示「諸神」。

　　就如其他古民族,以色列[3]人原拜多神。西元前1千年,分北國的以色列、南國的猶大,各有神祇。後來,從多神變1神,因政治角力,又有助於獨裁統治。收集各教派而得的《希伯來聖經》,也反映此史實,例如,「主是我們的上帝;惟有他是主(The Lord is our God, the Lord alone,申6:4),其實原文也可譯為「主我們的上帝是一個主」(The Lord our God is one Lord)。

　　神以祂(單數)的形象造人嗎?《聖經》中文「我們要照著自己的形像,自己的樣式造人(創1:26)」的英文版是多數神,「Let us make man in our image(以我們的形象造人)」,中文版小字註解「或譯我們」,哪是「或譯」呢!實為「竄改」神的話,應為「諸神」,而非「唯一真神」。

---

[3]　《聖經》描述族長雅各(Jacob),用紅豆湯騙得哥哥以掃的長子名份。與神摔角,勝神後,神還不知其名,被神改名為以色列,而成以色列人的祖先。雅各說:「我面對面見了上帝,仍然活著!」(創32:23-30)

古文沒標點符號

《希伯來聖經》無「欽定」版本；最早的版本以希伯來文和亞蘭文[4]抄寫。《聖經》在第13世紀才編輯區分章，第16世紀才區分節。古代手抄稿易含漏詞或放錯位置、筆誤、混淆發音類似的詞或誤解詞，而後人試圖編修時，就遭遇統合問題。近代編修的部分依據，包括死海古卷[5]等。

除了語意，還有語法問題。古希伯來文和希臘文，幾乎沒有標點符號，句子開頭首字母也沒有大寫。因此，在哪裡開始一個句子？哪裡結束？逗號位置在哪裡？均會影響整句意思。古希伯來文也無大寫以分辨是否專有名詞，因此，譯者可自由選譯，例如，譯成河流或河神名[6]？一句話可能是平述句，也可能是疑問句。要直譯或意譯？直譯牽涉古代文化語意問題，意譯牽涉各譯者的認知與文化差異問題。

類似地，佛經原文並無標點符號，後世對於標點符號的位置有不同的看法，例如，「觀自在菩薩行深般若波羅密多時照見五蘊皆空度一切苦厄舍利子色不易空空不易色色即是空空即是色。」佛經有眾多譯本，例如，《無量壽經》現存的有東漢、孫吳、曹魏、唐朝、宋朝譯出的5種不同版本。現代較流行的是民國夏蓮居所撰。

---

[4] 亞蘭文（Aramaic）為閃族的一種語言，與希伯來語和阿拉伯語相近。

[5] 死海古卷出土於公元1947年的中東死海附近，主要寫在羊皮紙，部分是紙莎草紙；以希伯來文為主，也有少數希臘文、亞蘭文等。約寫於公元前3世紀到公元1世紀，已殘破不堪。內含舊約全書（除了《以斯帖記》），與被基督新教認為是外典（包括次經及偽經）的經卷。

[6] 「主啊，是不是河流使你發怒（哈3:8）？」，其實應為河神（Nahar），而非河流（nahar）。

眾神喧嘩而鬧彆扭

　　所有的印度教派別都以西元前1500年的《吠陀經》作為經典教義，此外，各派別還各自信奉其他不同的經文。「印度教」一詞是19世紀時期的歐洲殖民者創造的，印度人自古以來則以多種名字來稱呼自己的宗教，如「永恆的達摩」、「吠陀信仰」、「毗濕奴信仰」、「濕婆信仰」等。印度教不同教派教義的區別很大，不是一個單一的宗教。

　　在基督教，三位一體主張，「聖父、聖子、聖神」為同一本體。《新約聖經》沒有明確使用「三位一體」一詞，但有類似描述，例如：「所以你們要去、使萬民作我的門徒、奉父、子、聖靈的名、給他們施洗（太28:19）」，其「名」是單數。最先使用「三位一體」一詞的，是教父特土良（Tertullianus，150～230）。但他認為三位格有等次之分。西元325年，羅馬皇帝君士坦丁大帝召開第一次基督教大公會議（第一次尼西亞公會議），採納聖子耶穌和聖父同質，反對派就被判為異端。西元380年，羅馬皇帝狄奧多西一世宣布，基督教為羅馬帝國國教，並在次年的第一次君士坦丁堡公會議，將加上聖靈同質的《尼西亞信經》，確立為「國家標準信仰」；反對者被審判為異端，有的死於火刑。

　　「三位一體」的演化史，顯示神的觀念只是人為建構、競爭甚至迫害、人為規定，並且，這種「認為神是唯一，表現形式有3個」，應是古代多神觀與一神觀的妥協調和。創意的解套是，將其他神稱為天使。

▼德國畫家杜勒1511年名作「三位一體的朝拜」。圖片來源：維基百科

《聖經舊約》為猶大支派記錄？

神不明示，信徒就各自詮釋教義、自認為真傳、自封教主。例如，摩門教認為耶穌升天後，教會被希臘哲學和錯誤的教義敗壞，到第4世紀，聖職權柄已完全消失，摩門創教者秉承古代使徒與先知的聖職權柄，矢志復興；《摩門經》和《聖經》同為聖典，《聖經舊約》只是以色列猶大支派的歷史記錄[7]，而摩門經則是神親訪美國支派後代的記載。

摩門教認為「《摩門經》、《聖經》、教義和聖約、無價珍珠」四種才完整，此想法學自天主教：除《聖經》外，還加上副經（或稱偽經），再加歷代教宗的論旨，以及教會的決議，都與《聖經》有同等價值。摩門教堅信，現代的生活中出現了2千年來的難題：「既然神在古代講話，那麼相信祂在我們的時代也能講話，難道不合理嗎？」

亞伯拉罕教內鬨

因各人理念不同，「道不同不相為謀」，於是宗教分裂為各不同教派，這也說明宗教與神只是各人的創造。《維基百科》提到宗教內部的不和的例子，如下。

---

[7] 以色列自認有12支派，來自以色列第3代始祖雅各的12個兒子，其第11子約瑟被嫉妒他的10個哥哥賣到埃及為奴，後來卻成為那裡的宰相。後來雅各全家住地迦南饑荒，約瑟將父親全家接到埃及定居。數百年後，埃及人奴役以色列人，神召摩西帶以色列人出埃及。結果，以色列人遭遇各支派互殺的內憂、迦南原住民威脅的外患。

對象	猶太教	基督教	伊斯蘭教
第七日為安息日	承認而嚴格遵守	承認但不嚴格遵守	不承認；真主在第七日與撒旦搏鬥
耶穌為先知	不承認	耶穌為神	承認
耶穌死於十字架	承認	承認	不承認
耶穌復活	不承認	承認	不承認，因直接升天
穆罕默德為先知	不承認	不承認	承認且為最後一位先知
三位一體	不承認；耶和華為唯一的主	承認	不承認，因阿拉為唯一的主

考古學發現神旨造假

　　經由考古學家的努力，即使西元2千年前的人物，已有相當量的出土，包括馬其頓國王腓力二世（西元前382年～西元前336年）骨頭。耶穌住過的地區為全世界最為考古挖掘的地區，但仍未發現有關耶穌的遺物。已有比較有名的兩件遺物，經驗證後均是偽造品：都靈裹屍布（Shroud of Turin）還被教宗比約十二世在1958年認定為耶穌的裹屍布，但科學「定年法」確定，其為西元1260年至1390年偽造物。其次，詹姆斯屍骨盒（James ossuary），上有亞拉姆語（Aramaic，一種閃米特語）刻文「詹姆斯，約瑟夫之子，耶穌的兄弟」；它是2002年於美國華府記者會提出；此物若真，有助於耶穌存在的證據；但以色列文物管理局，在2003年認定該刻文是偽造的。

　　摩西帶多少人出埃及？《聖經》說除了婦女和兒童，以色列人約60萬，再加上許多非以色列人和牲畜（出12:37-38）。但又說人數603,550（民1:46），因此，加上妻小、老人與非以色列人，總數約達2百萬。不過，當時[8]全埃及人口約300萬到350萬人。若不計牲畜，10人一排前行，則整個出埃及的隊伍將長達150英里。沒有證據顯示，埃及曾遭遇規模大到三分之二人口的外移、經濟危機；西奈沙漠也不可能支撐2百萬人與其牲畜。

　　大多數的考古學家已經放棄，而認定「摩西和出埃及記」為

---

[8]　古埃及第十九王朝法老拉美西斯二世（Pharaoh Ramses II，西元前1303年～西元前1213年）。

不值得研究的目標。研究者大致認為以色列源自迦南地區，以色列人最早定居處的文化是迦南的，信仰對象也是迦南神「埃爾」（El），使用的陶器為當地迦南人的傳統，使用的字母是早期迦南人用的。唯一區分以色列與迦南居處的是，前者無豬骨。

《新約》之外，並無耶穌誕生於伯利恆的說法，也無天上出現明亮星星或希律王殺嬰、耶穌從無在以色列掌權或被稱為「以馬內利」（以賽亞書）、耶穌並無在一代內再臨人世與建立國度、耶穌被釘死在十字架上或升天。已有的證據顯示，四福音書作者建構耶穌的生死，以配合《舊約》彌賽亞觀點。

若真有耶穌死而復活事宜，當時歷史學家諸如斐洛（Philo，約西元前15～西元後50，猶太教哲學台柱與基督教神學先驅）應會提到。四福音書對此故事的描述並不一致。

不只摩西，連亞伯拉罕、大衛王、所羅門王等3人，也無考古學證據顯示其存在。《聖經》讀起來就像缺乏歷史素養的古代作者，收集神話故事彙總而成，其作者與編譯沒想到兩千多年後的科學，足以追查驗證其真實性。

考古學家也不信有迦南戰役，包括將該地的耶利哥城被攻下，上主對約書亞[9]說：「一聽到長號，都要大聲吶喊，城牆就會倒塌」（書6:2-5）。其實，該地當時貧窮而無防衛建物，無城牆可倒塌。

「大馬士革將不再是一個城市；它要變為荒蕪的土堆。」（賽17:1）；全知的神為何不知，即使到今天，大馬士革仍為大城市？

---

[9]　約書亞是以色列的民族與宗教英雄，許多猶太父母喜歡以此為子女名。例如，基督耶穌名字就是約書亞（Joshua ben Joseph，「約書亞‧約瑟之子」），為了讓信徒不和舊約的約書亞混淆，因此刻意根據希臘文而譯作耶穌（Jesus）。「約書亞在以色列人面前向上主祈禱：太陽啊，停在基遍上空；月亮啊，止在亞雅崙谷。太陽就停住，月亮也不動，一直到以色列打敗仇敵（書10:12-13）。」

《聖經》若已預言人類登陸月球,也告訴子民如何醫治癌症,則該書就有其權威性;但相反地,近代物理學和生物學等,一直推翻《聖經》的宣稱。在《聖經》中,已有方便驗證的多處,與事實不符,即知該書可信度不足;我們當可懷疑其不便驗證處。

　　《聖經》說摩西等猶太人接觸過神,證據何在?教會提供的神像和雕刻真是耶穌模樣?這就違反十誡的第二誡「不崇拜神雕像和圖像」。難怪近代一些長得像教會所繪耶穌者,宣稱自己為神,而且信徒不少。有樣學樣,騙局滿天飛。

教主誕生的故事越神奇越吸引信徒

　　宗教吸引信徒的妙招是「神蹟」，教主的誕生故事越神奇，就越方便招攬信徒。佛經說，西元前565年，釋迦牟尼本是天上的菩薩，下凡到迦毗羅衛國淨飯王處，降生前，淨飯王宮廷出現8種祥瑞之兆，百鳥群集在王宮上，百花盛開，池塘突然盛開大大的蓮花，王后摩耶夫人心中獲得預感，就入後宮凝神靜思，菩薩化作一頭6牙白象來入胎。《浮屠經》說，佛陀從母親右脅誕生，

▼耶穌出生後，東方三博士朝拜。圖片來源：維基百科

一生下來就能走路。《佛所行贊》說，佛陀的母親摩訶摩耶王后在夢中受孕：「4個守護天使來到，把她連床提起……帶到阿諾達蒂湖，為她沐浴，以除去所有屬人的污垢……天使在宅內鋪好一張聖床，未來的佛陀已變成一頭壯碩的白象……進入了她的腹內。」

　　耶穌誕生的美妙故事，也不遑多讓。根據基督教的福音書，瑪麗亞年幼時收到天使的消息，身為處女的她藉由聖靈受孕。她和丈夫約瑟經過約瑟祖先大衛王家的伯利恆，以符合經書的預言；生耶穌之處在旅舍外的馬廄，但依版本而異，常是餵食槽或畜欄。東方三博士看見天上亮星，跟隨來到降生地參拜獻禮「黃金、乳香、沒藥」；降生時天使向附近的牧羊人報喜。不過，耶穌被伊斯蘭教「貶為」天使，猶太教則根本不承認他。神全知全能嗎？

　　瑪麗亞「遭受聖靈感應」而懷孕生出耶穌。神與人如何交配？

同為「哺乳類靈長目人種DNA」，才能相容而有性生殖：第一階段為減數分裂，染色體數量從一個二倍體數變成單倍體數。受精時，單倍體配偶子合起來構成雙倍體受精卵。由人的基因體可知，若為男性，就有男性生殖器，神與耶穌均有嗎？兩者為何需要生殖？

耶穌的父親約瑟雖是個木匠，卻是大衛王的後裔，因此，在血統上說，耶穌是大衛王的後代。《新約》的作者們為了附和《舊約》預言：「必有童女懷孕生子（賽7:14）」，就把耶穌的母親瑪麗亞，說成是個童女，則耶穌並非「真是」大衛王的後代，因其血統和約瑟無關，因「非約瑟的種」。

《新約》記載，瑪麗亞在嫁給約瑟前就懷了耶穌，但約瑟仍娶瑪麗亞，並且承認她的兒子耶穌是他們家的長子。新教相信，瑪麗亞在嫁給約瑟之後，又為他生了四個兒子與幾個女兒。天主教則認為這幾個人是約瑟家族中的人，是耶穌的堂兄弟姐妹，或是約瑟前妻所生，並不是瑪麗亞所生的。

東正教會認為瑪麗亞是天主特別選為誕生耶穌的人。她本身也是凡人，受亞當的原罪傳承；但是她從小就已完全順從天主，依靠天主的恩典脫離罪惡。東正教會認為她就是人類回答天主之「是」，來彌補和解放人類脫離夏娃之「非」，稱聖母瑪麗亞為「誕神者」。可憐的瑪麗亞，一生只是個被神播種者。

西元553年，第二次君士坦丁堡公會議認定瑪麗亞是「終身童貞」；亦即，她與約瑟的婚姻只是掛名的，他們從未行房或生下任何其他兒女。是否童女生子，可由遺傳指紋分析，確定親子血緣關係；全能的神可公布其與瑪麗亞和約瑟的DNA，以昭公信？

大多數現代自由派神學家認為童女生子，為西元1世紀後期，添加到基督教教義的神話，部分原因是，將〈以賽亞書〉從原來的

希伯來文翻譯成希臘文時弄錯，其目的在使基督教與當時地中海地區的異教競爭，若無童女生子的神聖性說辭，基督教在羅馬帝國盛行的密特拉教（Mithraism）等異教中，也許無法競爭。另外，保守教派認為是童女生子必要的，以防止耶穌繼承亞當和夏娃流傳下來的原罪。

　　天主教認為瑪麗亞是天主特別為誕生耶穌而派到人間的，所以她是無罪之身，不同於其他凡人，天主教也因此認為她升天後，就成中保聖人，可代人祈求赦罪：「瑪麗亞要是符合兩個條件，就實在是『天主之母』了。首先，她確實是耶穌的母親；其次，耶穌確實是天主。」《聖經》說瑪麗亞確實是耶穌的母親，但是《聖經》定稿後幾百年，教會確認「三位一體」為信條，耶穌才被承認為天主。西元5世紀時，在以弗所公會議上，君士坦丁堡主教聶斯脫里主張耶穌的兩性區分，而瑪麗亞只是「基督之母」，認定「天主之母」的稱謂等同是付予瑪麗亞神性。但亞歷山大主教區利羅主張耶穌的兩性合一，其神性滲透人性，而瑪麗亞生了整個基督，認定瑪麗亞被稱為「天主之母」，是合理且自然的。結果，聶斯脫里派被宣判為異端。1994年，天主教會教宗與東方亞述教會大公牧簽署《共同聲明》，支持「基督之母」論調。

　　總之，古來教會「大男人主義」，設定神是男的、又是君王後代；然後，受限於2千年前的科技知識，以為需要「找人生殖」才行；接著，突然想起自創的桎梏「原罪」與十誡的尊敬父母[10]，費了千百年才完成「圓謊」，讓父母子3人各就其位。可請瑪麗亞與約瑟現身說明？

---

[10]　「神化」瑪麗亞，也惠澤其母安納：聖母無染原罪瞻禮（又名聖母無原罪日，每年的12月8日），慶祝安納老年懷孕，瑪麗亞聖潔而無原罪污染。但此論點無《聖經》依據，曾受反對。1477年，教宗西斯篤四世批核此節日。

拱猶太神為世界神？

　　《聖經》裡的神，只是猶太人的神，協助猶太人攻擊外邦人。例如，即使外邦人也是神的兒女，但神只眷顧選民猶太人（賽45:3-4），稱其他人為「外邦人」。

　　請看威風凜凜與殺氣騰騰的神：「以色列的城邑、你們還沒有走遍、人子就到了。耶和華我們的神將他交給我們，我們就把他和他的兒子，並他的眾民，都擊殺了，我們奪了他的一切城邑，將有人煙的各城，連女人帶孩子，盡都毀滅，沒有留下一個。但這些國民的城，耶和華你神既賜你為業，其中凡有氣息的，一個不可存留，只要照耶和華你神所吩咐的將這赫人、亞摩利人、迦南人、比利洗人、希未人、耶布斯人都滅絕淨盡。」

> 我不能想像一個「獎勵和懲罰其創造對象」的神，祂要的就如我們所要的，此神只是人類脆弱性的反映。我也不敢相信，人死後還留存靈魂，因其反映恐懼或荒謬的自我中心。
>
> ──愛因斯坦

　　神旨：「耶和華吩咐摩西說、總要把那人治死，全會眾要在營外用石頭把他打死。女兒還是處女，並有這人的妾，讓我將她們領出來，你們可以玷辱她們……他們便與她交合，終夜凌辱她……到了家裏，用刀將妾的屍身肢解，切成12塊，使人拿著傳送以色列的四境。現在你要去擊打亞瑪力人、滅盡他們所有的、不可憐惜他們、將男女、孩童、喫奶的、並牛、羊、駱駝、和驢盡行殺死。亞

押人或是摩押人，不可入耶和華的會，他們的子孫雖過10代，也永不可入耶和華的會。你們佔領那片土地後，要把原先住民拜神明的地方澈底摧毀。」

「要殺盡他們的男人、女人、兒童、嬰兒、牛群、羊群、駱駝，和驢。你們要預備作戰，去攻打米甸人，好為上主復仇。殺掉所有的男孩以及跟男人有過性關係的女人，但可以為你們自己留下所有的女孩子和處女。」何等淫威神的話！

> 《聖經》過半的內容，充滿淫穢故事、淫逸放蕩、殘酷和折磨的處死，我們稱它為惡魔的話比神的話會更貼切；它是腐蝕和施暴人類的邪惡歷史。
>
> ——潘恩（Thomas Paine，1737～1809）
> 美國思想家

埃及人應會拒絕以下經文：「神殺死所有埃及人與畜的頭胎……神使埃及人尊敬祂的子民；他們要甚麼，埃及人就給甚麼。這樣，以色列人帶走了埃及人的財富」（出12:29-36）。

〈啟示錄〉提到審判羅馬帝國，蝗蟲傷害居民，除了14萬4千額頭有神印記的猶太人外，其餘受痛苦。最後，「新天新地」出現，榮耀的「新耶路撒冷」從天而降，如「羔羊的新婦」妝飾整齊、等候丈夫。城裏的碧玉珍珠代表莊嚴華美。城中有生命水的河，從基督的寶座流出，醫治萬民，直到永遠。這樣的論調完全是猶太人與男性沙文主義的觀點，居然可演變成全世界女男的觀點？

西洋有字bibliomancy（「聖經卦」、「聖書卦」），意指翻開《聖經》或其他聖書，拿開頭的詞句占卜；若信徒將《聖經》當真，看到這些詞句而據以行動，豈不悽慘？

神旨導致不幸

　　1990年1月6日，美國加州有個公認愛子女的好爸爸基督徒，「聽」到神要他獻上他的幼女。可是，他「聽」到的那聲音，並沒有如《聖經》中阿伯拉罕獻子的故事那樣，神在最後一秒叫他停手，他就真的把女兒殺了。

　　1990年，香港有十三歲女生抱《聖經新約》，從大廈25樓墮下自殺而死。遺書表示，雙親與她信仰的宗教有異，不肯聽從她的意見將廳中的神檯拆除，認為家人拜異教神是犯罪。

　　2006年，有英國信徒相信《聖經》「信的人必有神蹟隨著他們……手能拿蛇。」就手拿蛇，結果被咬死。

　　《聖經》教導基督徒不可拜別的神，要破壞他們的神像：「拆毀他們的祭壇、打碎他們的柱像、砍下他們的木偶、用火焚燒他們雕刻的偶像。」2006年，香港傳教士唐寶振，用噴水壺裝滿橄欖油到城隍廟，把廟中的所有神像噴污。

　　十字軍東征異端的理念就如「必要用刀殺那城裡的居民、把城裡所有的、連牲畜、都用刀殺盡……用火將城和其內所奪的財物、都在耶和華你神、面前燒盡，那城就永為荒堆。」

　　英國名歷史學家吉朋（Edward Gibbon）在他的《羅馬帝國衰亡史》中，描述女哲學家希帕提婭（Hypatia，370～415年），被栽贓為異教徒而悲慘受害：「從她的兩輪車中扯出，衣物給撕得稀爛，一路拖到教堂，並遭一群蠻人與殘忍的狂熱分子們，毫無人性地屠戮致死，尖銳的蚌殼將她的肉從骨上刮下，還在顫抖的斷肢則被投入火中。」希帕提婭的死法，似乎符合君士坦丁二世對巫術施刑的方式。2009年其生平被改編成西班牙電影《風暴佳人》（Agora）。

▼十字軍：大規模宗教戰爭。圖片來源：維基百科

▼女哲學家希帕提婭遭迫害死亡。圖片來源：維基百科

堅持教義的人

美國有一群基督新教再洗禮派門諾會信徒阿米希人（Amish），18世紀從瑞士移民（因教義異於其他門派）。他們順服於上帝旨意，拒絕中等以上的教育（因無助日常農場生活，只會引發個人或物質方面的野心）。

阿米希人的生活很簡樸，例如，製作臉部沒有五官的娃娃，因這是《聖經》教規（「不可為自己作什麼形象」），世世代代母親為女兒縫製這些娃娃，式樣始終如一。

幾乎所有的阿米希人都是早期拓荒者的後代，近親通婚導致遺傳疾病。兒童的死亡率非常高，阿米希人把這個困擾當做「上帝的旨意」，而拒絕婚前基因測試；不採取節育措施、謝絕健康保險。

▼基督新教再洗禮派門諾會信徒阿米希人坐馬車。圖片來源：維基百科

《聖經》暗藏密碼？

　　13世紀時，猶太教拉比Bachayah，提出後來稱為「等距字母序列」[11]的觀點；教徒相信《聖經》裏藏有密碼，因《聖經》出自神；最初指《希伯來聖經·創世記》的開頭每隔50個字母跳讀，就可以拼出「Torah」（摩西五經[12]）；另外在〈出埃及記〉等亦然。

　　1980年代，以色列希伯來大學的物理教授魏茨滕（Doron Witztum）等3人，挑選《聖經》時代以來的32位知名人物，結果發現他們的名字和出生與死亡日期，在《創世記》中都是編在一起的。後來他們把希伯來文《聖經》去除字間距，連成總長304,805個字（摩西從神手中接受的《聖經》就是「字字相連、無一中斷」），採跳躍碼方式，在字串中找訊息（密碼），寫成文章〈聖經創世記裡的等距字母序列〉，發表在《統計科學》期刊1994年8月號。這篇文章利用統計的方法證明：《聖經》隱藏許多訊息，是有意安排，而非偶然造成的。

---

[11] 例如：And hast not suffered me to kiss my sons and my daughters? Thou hast now done foolishly in so doing. 又不容我與兒女親嘴，你的所行真是愚昧！（創31:28）把空格和標點符號去掉，全併成字串，然後從daughters的r開始，跳過三個字母，來到「thou」的o，再跳過三字母，來到「hast」的s，依此類推，就得roswell（羅茲威爾）這個字。如果從「thou」的u開始，跳過十一個字母，得到f，再跳十一字母，得到o。因此，ufo（不明飛行物）和roswell同藏在這一段話中。結果，就有人宣稱，《聖經》早已預示，外星人將降臨在美國新墨西哥州羅茲威爾鎮。

[12] 摩西五經指《聖經舊約》前5卷：〈創世記〉、〈出埃及記〉、〈利未記〉、〈民數記〉、〈申命記〉。

1997年5月28日，《紐約時報》登了一幅全頁廣告，宣傳《聖經密碼》書，作者卓思寧（Michael Drosnin）宣稱：《聖經》的密碼隱藏3千年未解，現已解，且可預示未來。例如，以色列總理拉賓的名字和暗殺連在一起；他在1994年9月就寫過一封信給拉賓，告訴他這個可能性，但拉賓不理，而在1995年1月遭暗殺。此為本書最聳動的事，作者在第一章就提此事，因他自己解碼而預知。他甚至找出「《聖經密碼》出版於1997年」。

2002年，他出版續集《聖經密碼第二集》，其副標題為「倒數計時」，最後結論是：「不能讓我們的世界毀滅掉，我們不能什麼事都不做，只是在那裡等待；我們必須假定，《聖經密碼》裡的警告是真的」。

結果弄得美國基督徒找密碼，穆斯林也在找，媒體與「脫口秀」湊熱鬧；一旦在美國造成大轟動後，很多語言譯本也跟著出現，包括台灣的《聖經密碼》中譯本。相關的記錄片、電影、各式論戰、宗教團體解說等，造成全球轟動。

不幸地，《聖經》沒暗藏密碼

後來，不少人用相同的方法，居然發現到處都有密碼，逼得卓思寧在《新聞周刊》回應：「假如我的批評者，能夠在名著《白鯨記》（Moby Dick）裡，找到某位總理被刺殺的密碼，那我就相信他們。」結果，澳洲國立大學的電腦教授馬凱（Brendan McKay），在《白鯨記》找到林肯、拉賓、甘迺迪等名人被刺殺的訊息，用的是跟卓思寧一樣的方法。

馬凱說，基督徒一直在找耶穌降臨的訊息，因為卓思寧在《聖經密碼》中提到，〈但以理書〉預告彌賽亞來臨，馬凱就在〈但以理書〉找尋關鍵字詞，例如，神之子，分析結果發現，耶穌跟

▼澳洲大學電腦教授馬凱（Brendan McKay）澄清《聖經》並無暗藏密碼。
　圖片來源：維基百科

人之子較靠近，這下子耶穌由「神之子」變成「人之子」。有人在〈以賽亞書〉中找到「耶和華是我的名字」，但別人卻找到21次的「穆罕默德是我的名字」，甚至找到43次「Koresh是我的名字」（Koresh為美國德州邪教領袖，後來槍戰而亡）。

　　卓思寧自吹曾預先警告拉賓（事實上，暗殺拉賓的通風報信警告，多不可勝數，足以讓他動彈不得）。好啦，如果拉賓聽他而逃生，則他的能力勝過全知全能神嗎？

　　1998年，馬凱與兩位希伯來大學學者，在《戰爭與和平》的希伯來文版，也發現密碼。1999年，馬凱等人在《統計學》發表〈解決聖經密碼的疑惑〉，指出魏茨滕等人在1994年發表的那一篇文章有相當嚴重的缺陷，包括名字的稱呼與其拼法如何選擇，特別是實驗的設計和數據的收集。馬凱甚至表示，魏茨滕他們其實作了一些

「調整」（「動手腳」），也就是心理傾向會產生不自覺的「調整」行為。

馬凱在《戰爭與和平》及其他大部頭著作裡也有新發現。美國物理學家湯瑪斯從《聖經密碼第二集》發掘出這樣的句子：「《聖經密碼》是騙人又胡搞、邪惡又亂來、江湖術士、狗皮膏藥。」

美國心理學家薛莫，在2003年為文〈聖經裡真的有密碼？〉指出，《聖經密碼》是後見之明，是偽裝成科學的無聊命理學，何來先知預言？《聖經密碼》若要經得起科學的檢驗，就須在事件發生前預測。例如，沒有任何靈媒或占星術家，曾對攻擊美國911事件提出預警。尋求《聖經密碼》是《聖經》命理學與喀巴拉神祕學的一支，它從中世紀起便頗為流行。

2001年，中研院統計科學研究所魏慶榮為文〈聖經真的藏有密碼嗎？〉指出，中國也有預言書，例如唐朝《推背圖》和明朝《燒餅歌》，特色是文圖詮釋彈性相當大，後人可根據已發生的歷史，對相關的文字和圖形，提出合乎己意的註解，因此往往給人靈驗的印象。

《聖經》可信嗎？

　　1954年，愛因斯坦指出，猶太人崇拜的神是「人類軟弱的產物」；《聖經》則是集「傳奇故事」之大成，內容「幼稚」。美國猶太生化學家艾西莫夫，認為《摩西五經》只是希伯來神話，就如同《伊利亞德》只是希臘神話一樣。

　　《聖經》中，神的最末一句話「是了，我必快來」（啟22:20）。神也向信徒宣稱「站在這裏的人，有的在他們死以前會看見人子來到他們當中掌權」（太16:28），但基督徒等了兩千年仍看不到神再臨。《聖經》實在不可信。幾年前，台灣都市街頭常有人拿著「世界末日、神將降臨」等標語，目前只剩下鄉村牆上貼著這類標語。

　　難怪，「我不過是奉命去傳教的，我不傳福音，就有禍了」（歌前9:16）。

第四章
你要進天堂或地獄？

遙遠的記憶

　　歷史上，從無一神或鬼或人，能對大眾證明天堂或地獄存在。也許，單獨個人宣稱看過，但頂多是個人幻覺或夢境，無一經得起科學驗證。

　　「靈魂論」為宗教的基石，宗教建基於「靈魂不滅」與來世，否則無法以救贖或輪迴「恐嚇」民眾，且催促信仰的力道盡失。

> 　　「靈魂」一詞首先出現在希臘思想中，有其宗教源頭，但非基督教。在希臘，似乎起源於畢達哥拉斯學派，該學派相信輪迴。他們影響柏拉圖，然後，柏拉圖影響教會神父，結果，「靈魂成為身體以外」的教義，變成為基督教教義的一部分。
>
> 　　　　　　　　　　　　　　——羅素《宗教與科學》

　　人的身體與個性一直隨成長與環境而演化，靈魂呢？難道全能神創造的人，短命而有缺陷的肉體，但配備永不變與永存的靈魂？

　　西元前6千年，中東的蘇美文明主張，人死後會成為鬼魂，永在陰間不安地遊盪。人是神用粘土做的，其目的在於服務神，神發怒時用地震或風暴來懲罰人，人只有在神的憐憫下才能生存。

　　西元前3千年，古埃及文明主張，身體是靈魂的容器，靈魂每天晚上會離開身體，早上再回來。人死後可以復活，而復活的靈魂需要原先的身體，因此必須保存屍體以供死者來生所需，就發明屍體防腐術和木乃伊。人死後到審判廳，死神決定靈魂是往死後世

界，或是被毀滅。

古代中國人認為死後靈魂不滅，因此生前用過的東西都與遺體一起下葬，供死後使用。殷代是奴隸社會，主人身故則活奴隸殉葬，後來改以兵馬俑之類的泥偶。道教認為，人的靈魂是一種擁有意識的特殊物質，稱為「元神」，經過修鍊後，就可以控制靈魂進出肉體，稱為「元神出竅」。佛教喪禮以誦經超度亡靈，登極樂西方。為何極樂世界在西方？

《古蘭經》認為，靈魂是真主（阿拉）創造的，真主為每一個新身體創造一個靈魂，最終會到天堂或地獄；復活時，靈魂和身體將會重新複合。女性無靈魂，但有無靈魂不影響其永生和得救，女性無靈魂只表現其活著時的能力不及男性。此說在古基督教世界也曾經流行過，經公開辯論後失敗而被視為異端，但在伊斯蘭世界一直是主流的見解。神的作為居然由人辯論決定？

古希臘哲學家柏拉圖認為，靈魂是精神世界的、理性的、純粹的。因追求世界的慾望，而墮落到地上，被圈入於肉體中，註定要經過淨化的階段，靈魂會輪迴轉世。

中世紀歐洲最廣泛的觀點，認為靈魂是神所創造的，神為每一個新身體創造一個靈魂。當時西方是天主教一統天下，人心深處對於末日審判、天堂地獄等基本信條深信不疑，對燃燒著硫磺之火的地獄景象懷著深深的恐懼，塵世只是靈魂暫時的居所。諸如中世紀綿延不斷的戰爭動亂、天災人禍等，虔誠的信徒認為，修道院與修女院是野蠻世界中的避風港、獻身神的好去處。

誰有靈魂？

英國人類學家泰勒（Edward Tylor）認為靈魂概念是宗教的最核心，沒有靈魂就沒有超自然，沒有超自然就沒有宗教信仰。他主

張萬物有靈論,此為物神崇拜的先驅。

35億年前,地球上出現生物。7千萬年前,古猿逐漸演化成現代人。為何只有人有靈魂?幾乎相同的尼安德塔人呢?若是,再稍不同的猿人呢?猩猩呢?海豚?細菌?阿里山神木?

神用泥土造人?就像神將水變酒一樣不可能,因化學組成不同。靈魂是由什麼組成?包括「複製」(clone)等無性生殖而產生的個體具備怎樣的靈魂?基因轉殖等科技產生的生物有何靈魂?現代「合成生物學」產生的新生物,又是具有怎樣的靈魂?

若說在諸如受精時的某時間點,神將靈魂插進人體,則那些流產、早死、天生遺傳疾病等嬰兒,獲得了什麼靈魂?嬰兒之間,廣大差異的才智與體質缺陷,也是神創造的靈魂結果嗎?天主教教義主張「沒有畸形、恢復身體」地復活,則在天上,我們均貌似18歲?品格也是18歲的?知識也是18歲的?

靈魂的能量哪裡來?靈魂如何與物質互動?靈魂如何彼此互動或溝通?

思維與意識

　　當我們看到，「某功能神經迴路若受損，則活人的相關能力就沒了」時，則「認為獨立於腦外，有個不朽的靈魂，能夠推理、感受愛、記住生活事件等」，就很可疑。失語症病患的靈魂仍能流利地說話和思考嗎？從輕微的咖啡因到嚴重腦傷等導致的心靈變化，顯示腦狀態與思維能力密切相關。使用功能性磁振造影[1]，神經科學家逐漸能以腦狀態的資訊，探究其思維。

　　1848年，美國人蓋吉（Phineas Gage）工作時，被鐵棍擊穿頭顱，失去大部分的「額前葉大腦皮質」，他倖存，但原先開朗、負責、有理的個性消失了，取代的是慣性撒謊、不負責、反覆無常。科學家繼續研究同部位腦受創者，結論是「額前葉是控制動機與平衡情緒的重要部位」。1861年，法國神經學家布羅卡（Paul Broca）發現大腦左顳葉損傷可以導致語言障礙，這是首次將認知功能與大腦某一部位直接聯繫在一起。

　　1953年，醫學界有個著名病例，患者深受癲癇之苦，為了停止癲癇，醫師切除兩側海馬回與周邊腦區；術後，他可認得術前認識的人事物，但無法形成新的長期記憶，因缺乏海馬回，新印象一下子就沒了。2000年，有部電影《記憶拼圖》（Memento），其情節就像此病例。

---

[1]　2013年，成大社科院成立心智影像研究中心，利用功能性磁振造影（fMRI），分析逃稅者與誠實納稅者腦部活動的差異。2013年，陽明大學等透過功能性磁振造影等發現，變性慾者大腦中的「性別腦區」、「社會腦區」神經活動，確實迥異於一般人（但非變態）。

1975年，美國人葵蘭（Karen Quinlan）服用鎮定劑「煩寧」（Valium）與止痛劑「達而豐」（Darvon），又喝雞尾酒「琴通寧」（gin and tonic），從此陷入昏迷十年。死後解剖發現，大腦大部分完整，因此，其肉體存活、繼續維持日常節奏。但她的丘腦腐朽。科學界知道，割除丘腦會導致「心靈死亡」，丘腦位於大腦中心，能把嗅覺之外的所有感覺訊息傳到大腦皮質，因此，傳入有意識的心靈。葵蘭的丘腦損毀，因此，陷入永遠睡眠狀態；她的大腦皮質繼續活著，等待刺激，但她不再可能具有意識。

> 「腐蝕性格的腦退化疾病、導致個性改變的腦傷」顯示，只在性格本質為生物時才有可能如此。「情緒異常與改變精神的藥物」表明，情緒的本質是生物化學。「遺傳的情緒障礙和發育病」顯示，個性來自生物原因。憂鬱、愛、善良、禮貌、衝動、抽象思維、記憶、使用語言、各式情緒等，均來自生物化學的（並非屬靈的）原因，而可經由腦傷和腦外科手術激底改變。若有靈魂，腦傷就不至於傷及情緒，但腦傷確會傷及情緒。如果記憶、行為、情緒等，均受物質腦的控制，則還需靈魂做什麼？似乎沒什麼事可讓靈魂做，而任何自由意志可立即被生物化學接管。現代科學顯示，「靈魂」只是錯誤的想像，其實只是生物的原因。
>
> ──克列楚（Vexen Crabtree，1975～）
> 英國作家

大腦竟有意識開關

2014年7月2日，著名雜誌《新科學家》（New Scientist），報導〈在大腦深處發現意識開關〉，意識讓人感知周圍環境存

在，通常在進入睡眠後，就不運作。美國喬治華盛頓大學生物學家寇貝西（Mohamad Koubeissi）教授發現，高頻刺激大腦屏狀核（claustrum，大腦中心下方一個較薄的神經組織）時，患者突然失去意識，進入睡眠狀態。電流刺激停止後，患者就恢復知覺。當患者處於昏迷狀態時，刺激大腦屏狀核將有助於恢復知覺。

2004年7月，克里克為文表示，意識需要類似樂隊指揮，快速整合各式外在與內在認知，例如，我們情人節收到玫瑰時，其氣味與顏色、名稱、相關的記憶等，整合到一個意識經驗。克里克認為大腦屏狀核很適合當此指揮。寇貝西的比喻是：車子只有一處可插入鑰匙，而啟動所有協和運作的開關。

研究人腦就可瞭解人的靈魂

人腦中有860億個神經元（細胞）、1億的10萬倍個突觸（神經細胞間的聯繫構造）、17萬公里長的神經纖維。神經科學家和生物學家的共識是，心靈（mind）或「意識」為腦的運作，因此，兩者結合稱為「心靈─腦」或「身心」。相關的研究將「靈魂」視為人的意念，例如，克里克曾出書《驚人的假說》，主張神經元為意識的基礎，就像DNA為生命的基礎，書名副標題即為「靈魂的科學探索」，他認為研究人腦就可瞭解人的靈魂。

> 意識何時開始的呢？意識的產生需要高度互聯的神經細胞，其實質物為視丘-皮質複體，它提供意識「高度複雜的內容」，約在懷孕第24和第28週之間開始的。大約2個月後，橫跨兩大腦皮質半球的腦波律動的同步，顯示開始整合全部的神經元。
> ──科赫（Christof Koch，1956～）
> 美國神經科學家

人腦內部組織與神經的活動結果，突現（emerge）的現象包括意識、言行等，並無超自然（靈魂等）或神參與。就像「濕」是水分子活動突現的結果，但這不隱含存在「非物質」的「濕」。同理，石頭的「硬」、草木的「柔」。古人不知事實，近代神經科學等研究瞭解，「人性」是腦活動而突現的現象，不需假設靈魂或神在幕後操盤。

> 分子生物學的努力，將物理學和化學成功搬上生物學的殿堂，證明生物學也不過是穿著時髦而已，骨子裡頭還是一般的物理和化學。所以，分子生物學掀開了生物的迷紗，將生物學和物理及化學統一起來。分子生物學將無生物的演化史和生物的演化史連結在一起……生物直接或間接的依賴無生物世界提供物質及能量，但是這些生理活動都依賴生物體中的資訊所指導，這些資訊包括DNA序列所代表的遺傳資訊。
>
> ──陳文盛，陽明大學生醫資訊所教授

我們的心靈、靈魂、精神、意識等，本質上來自生理。腦產生自我，身體自可獨立運作。我們的作為來自物理化學作用於大腦中的神經元。

▼法國哲學家笛卡兒的「心靈與腦」二元論誤導後世深遠。圖片來源：維基百科

> 當代科學家與哲學家同意，心靈包含意識與推理，就是腦的運作。因此，推翻法國著名哲學家笛卡兒（René Descartes，1596～1650）的「心靈與腦」

　　二元論，以為經由神聖力量，不需身體就可存在心靈。

──威爾森

　　顳葉癲癇患者常發展出強烈宗教熱枕，易於誇大事物重要性，也易患「過度書寫症」（hypergraphia，強迫性地書寫表達）。

腦傷的後果

　　2003年，《美國醫學學會期刊》，刊登美國維吉尼亞大學神經內科系醫師斯沃洛（Russell Swerdlow），團隊專文〈具有戀童癖症狀和結構性失用症候群的右眼眶皮質腫瘤〉，報導一位戀童癖患者被捕，掃描腦部顯示，有個大腫瘤，壓縮右眼眶皮層，將此腫瘤移除後，他的戀童症狀就消失了。7個月後，釋放回家。後來，他的戀童衝動又出現，再次腦部掃描顯示，腫瘤復發，手術移除腫瘤後，就沒戀童衝動。眼眶皮質區和獲取道德知識與社會行為整合有關，該區受傷的成人，可能減少控制衝動的能力，而導致反社會行為。

　　大腦頂葉與枕葉的特定位置若受傷，會引發「認識面部失能」，無法藉由面貌以辨識別人；但仍記得對方的聲音，也能以視覺辨認其他物體。大腦皮質內，前扣帶腦溝區若受損，會喪失保護自身福祉的動機和應有的關懷，注意力不會專注在特定事物上。2013年，有位英國人麥特（Malcolm Myatt），在中風後，腦部控制情緒的額葉受損，讓他從此感受不到悲傷，發生什麼事都笑口常開，成為「快樂先生」。

　　外傷、疾病和藥物都能夠改變意識，人的情感、語言、邏輯等，只是大腦不同部位的功能。如果控制大腦就能澈底左右人的意識，則「自由意志」何在？延髓或腦幹受傷時，靈魂為何不能控制

身體？若因疾病而血清素量異常，為何靈魂遭受抑鬱症和情緒障礙？可知，其實靈魂只是生理（現象）。

> 如果心靈控制身體，則是怎麼控制的？開車時，你坐在駕駛座上，用腳踩油門，用手轉方向盤。若你認為身體是心靈「驅動」的生物機器，則駕駛者「坐」在哪裡？純精神或心理的「心靈」如何拉動生物連結（傳遞神經信號與移動肌肉）？
>
> ──麥康諾（James McConnell，1925～1990）
> 美國生物學家與動物心理學家

　　神誘惑信教的說辭是，與神同在天堂永享來世，但殉道者被殺死後，其心靈隨之瓦解，則其難以計數的神經網路如何重新組合，支撐原來的心靈？諸如造成失憶與認知失調的神經退化疾病阿滋海默症患者，會在復活後仍罹患病？天堂充斥老者嗎？天主教主張復活，回復全部肉體。聖奧古斯丁宣稱「不論死後我們的身體怎麼分解，均將完全回復」。這些宣稱有何證據？或死無對證？

> 第五世紀神學家聖奧古斯丁，被某人問：「神在無限時間長河的創造地球之前，到底在做什麼？」聖奧古斯丁咆哮以對：「創造地獄，款待提這種問題的白癡。」
>
> ──艾西莫夫

靈魂出竅

　　1901年，美國麻州醫生麥道格（Duncan MacDougall，1866～1920），讓瀕死者躺在秤上，測量死後體重的變化，結論是，死後減少21公克的體重，因此，這就是靈魂的重量。他也測量狗死，但無重量變化，因此，狗無靈魂。全部結果刊登在《美國靈學學會期刊》，也經《紐約時報》報導。2003年，該情節轉成電影《二十一公克》。但後來更多的驗證實驗表明，人死後，體重不變；麥道格的實驗結果應是測量誤差所致。

　　2007年，《科學》期刊報導〈以錯覺模擬靈魂出竅：使用相機詭計顯示心智容易受騙〉，介紹兩文談靈魂出竅（出體經驗，out-of-body experience），其一來自英國倫敦大學學院頁森（Henrik Ehrsson），另一來自瑞士聯邦理工學院的布連克（Olaf Blanke）。科學家以虛擬實境技術，設計誤導而讓人以為從外面看到自己身體，可知人腦在嘗試整合不同感官資訊時，如何受到混淆。一些手術台上病患或險遭死亡者，宣稱經歷「靈魂出竅」，形容離開自己的感覺，例如，漂向天花板，在那兒看著身體。這種經歷讓靈魂論者宣稱「證明有靈魂」。但研究顯示，只要小招數就可創造類似經歷，誤導人腦相信靈魂出竅。頁森表示，「大腦容易受騙，因為它一直要詮釋其收到的訊息，若訊息有誤，它就會形成錯誤的解釋。」

　　2011年，英國伯明翰（Birmingham）大學布列斯衛（Jason Braithwaite），在《大腦皮層》期刊7月號，發表研究報告指出，靈魂出竅只是生動的幻覺，而我們有些人天生有此傾向；當腦中不穩定，就導致失去方向感（身體何在的所有感覺），這是貨真價實的

神經生理學現象,與靈魂毫無關係。若控制記憶和辨識物體的顳葉異常,易於「轉換自身位置」。常經歷「似曾相識、感覺四肢不屬於自己、有時身體沒移動卻覺得在移動」的人,容易有靈魂出竅的感覺。

英國心理學家布媒媒(Susan Blackmore)指出,人在清醒而失去與身體感官輸入的接觸時,靈魂出竅現象就會發生。出體現象發生時,其認知世界類似清醒時的真實世界,但其實該認知世界並非來自感官。此表象就如睡眠時做夢,亦即,所有的夢也能稱為出體經驗,我們離開自身而經歷另類認知。

加拿大神經科學家波辛格(Michael Persinger),就能在自己實驗室裡,藉由讓顳葉接受某種磁場而製造出竅的感覺。波辛格曾對受試者大腦的顳葉進行磁力刺激,結果有7到8成的受試者,在20分鐘內被誘發出「眼前出現鬼神的感覺」、瀕死體驗,諸如亮光,神現身、見到已故親屬等。

2011年,美國加大洛杉磯分校拉都葛(Michael Raduga)團隊發現,他們能經由心理活動誘發半夢狀態,「訓練」人經歷「靈魂出竅」與「遭遇外星人」;例如,若想夢到小綠人或大怪人,就專注於半夢狀態、使用栩栩如生的想像。

瀕死經驗

前教育部長黃榮村在年輕時,吃麵中毒瀕死,「見到刺眼的強光,似乎可以清楚地看見四周,甚至可以看見平躺著的自己,有清楚意識知道發生意外,但卻無法動彈、做任何改變」。教徒怎麼解讀瀕死呢?台大前哲學系楊教授說,佛教相信「臨終」會有阿彌陀佛接引西方;台灣基督長老教會張牧師表示,基督徒看到耶穌或天使來接引,讓人不害怕死亡。

　　2011年，研究瀕死經驗30年的美國肯塔基（Kentucky）大學，神經內科教授聶爾蓀（Kevin Nelson），出書《為何信神——人腦天生信教嗎？》，解釋瀕死經驗，而其核心包括睡眠時快速眼動期的腦狀況，此時我們多夢，除了眼部肌肉、心臟和隔膜（控制呼吸），全身癱瘓。有些人易於達到「快速眼動入侵」（REM intrusion），他們雖癱瘓卻清醒，又伴隨著生動的幻覺。他研究55個自稱有瀕死經驗者，其中，六成曾經歷「快速眼動入侵」；對照組則只有四分之一。

　　2013年，美國《國家科學院學報》，刊登密西根大學醫學院波吉金（Jimo Borjigin）團隊研究顯示，諸如穿越隧道通向亮光等，瀕死經驗的成因，可能是垂死大腦的電子活動激增所致。實驗老鼠的心跳停止後，高頻腦波的活動模式類似在完全有意識的動物上看到的，然而其訊號強度卻強上8倍。瀕死經驗的現象，本質上是物理性的而非靈性的；從瀕死中活過來的人說看到光，或許是因大腦視覺皮質高度活躍，使其感受到鮮明的影像。此研究可解釋，為何有些瀕死者在腦部停止活動，醫生搶救時，還能正確地回憶出當時的狀況。

　　一般人在快速眼動狀態和清醒之間轉換，但具有瀕死經驗者的腦易於將此狀態混合，讓人達到意識「邊疆」，時間只有短短幾秒或分，然後進入快速眼動狀態或清醒狀態。達到意識邊疆者認為，此時他們遇到過世的親人，可能經歷癱瘓、光、幻覺、夢。若逢突發性心臟病等危機，意識邊疆可解釋相當多的瀕死經驗。

　　在睡眠的快速眼動期，睡眠者最好癱瘓，否則從夢中動作，可能會傷到自己。

　　至於宣稱看到隧道、神呢？瀕死經驗的症狀發生於昏厥、心臟病等生死攸關狀況，其共通處為血液暫時不流向大腦。心臟排出

的血液有兩成維繫腦運作，若此量縮減成三分之一，腦在一二十秒後失去意識。即使持續幾小時，腦仍無傷，但人會進出意識。不管時間多短，低腦血量危機的後果就是瀕死經驗，因此際，最敏感的組織不是腦，而是眼睛、視網膜。視網膜出問題時，隨之而來的是黑暗，從外向內，產生隧道視覺，其盡頭的光來自兩個不同的來源，包括（1）諸如急診室等周遭的光，此為低血量時腦所能辨識的；（2）快速眼動系統，它穩定地活化視覺系統，可自腦內產生光。

▼瀕死經驗。圖片來源：維基百科

睡眠麻痺（「鬼壓床」）

正常情況下，我們入眠作夢時，身體呈現麻痺的狀態，避免肌肉搭配夢境活動或夢遊（但少數人確會）；當醒來而夢境結束時，身體的麻痺狀態跟著消失，人可自由運用肌肉。但有時恢復意識與可動用肌肉之間會出現一些落差，這就成為「睡眠麻痺」（「鬼壓床」），神智已經清醒，可看見周圍事物，但卻動彈不得；睡眠麻痺可能伴隨各式幻覺，包括覺得四周有危險，甚至迷幻到「看見」不存在的事物，如夢境中。睡眠麻痺時「看見」的景象並非真實，而是意識連結過去的恐懼、傳言、虛構等，產生的意象；就因全身動彈不得，就可能讓人恐慌，因此，醒來後，往往相信真的發生過可怕的事；例如，原本相信吸血鬼者，醒來後，認為自己受到吸血鬼的攻擊；即使沒經歷過該幻覺，但其恐懼感會將自己的疑神疑鬼，進而鞏固為虛假的記憶；若加上親友的敲邊鼓，更會助長虛構。

即將入眠的「半夢半醒」（hypnagogia）時，容易產生幻覺，原

因似乎和腦的各部分入眠的步調不同有關，此時可導致睡眠麻痺。

　　美國紐約大學神經科醫師薩克斯（Oliver Sacks，1933～），在著名的著作《睡人》（Awakenings，後來改編為同名電影），描述他試用新藥左旋多巴治療腦炎患者；三分之一的患者有視覺幻象，可能與他們遭受缺少社交而隔離有關，其幻覺來自對外在世界的渴望，因此，幻想提供虛擬的現實，補償被剝奪而缺乏的真實世界。治療效果甚佳。

▼美國神經科醫師薩克斯（Oliver Sacks）與其名著改編電影《睡人》（Awakenings，或譯《無語問蒼天》），描述腦炎患者視覺幻象。圖片來源：維基百科Luigi Novi。

從無鬼神現身過

　　奧地利修女瑪麗亞（Maria von Trapp，1905～1987）寫書《特拉普家庭歌手的故事》（1949，後改編成電影《真善美》），提到她凡事尋求神的旨意，但誰可說出神的旨意呢？神在哪裡？證據呢？

　　美國心理學家薛莫為文〈感覺有鬼〉提到，天使、神鬼、外星人等，均為身邊有鬼的錯覺，稱為「有鬼效應」；當飢餓、孤單、缺眠等，就可能發生。人體的外在輪廓，亦即腦中建構的本體感，主要存在左腦半球顳葉，只要人腦誤認有另一自身存在，該腦區就會想法找出合理解釋，而出現有鬼的感覺。

　　台北馬偕精神科吳醫師指出，患者有不少「撞鬼」者，原因是吸毒而腦部受損，容易產生幻覺幻想。每到鬼月，怕鬼的病人就會大增。繪聲繪影的媒體靈異報導，拉抬收視率，也造就社會恐慌。類似地，民俗認為曾發生他殺或自殺的凶宅，會發生靈異困擾，但全台一年新增凶宅2千戶，若沒妥適處理，除了紛爭，也導致不敢住或賣的資源浪費。

　　鬼是什麼？佛教有不同說法，北傳佛教認為有「中陰身」，不具有生前形象；南傳佛教則不承認有中陰身，但認為有鬼。《聖經》提到，鬼央求耶穌：「若把我們趕出去，就打發我們進入豬群吧！」（太8：31）。耶穌斥責鬼：「你這聾啞的鬼，我吩咐你從他裡頭出來，再不要進去！」（可9：25）。

　　科學研究顯示，鬼聲往往來自家具的熱漲冷縮、樹葉刮屋頂、地下火車或水流經過等造成。鬼影則為月光、路燈、車燈、樹影等造成的。一氧化碳中毒，可能影響聽覺與視覺系統，使人感到牆壁

向自己逼近的錯覺。

　　為何出現的鬼和神均非裸體，而是穿著衣服的？衣服哪裡來的？什麼材質？誰做的衣服？

> 　　身為科學家，我主張無神，例如，做實驗時，我假設沒有神、天使、魔鬼等，來干涉實驗；因實驗的成果，我已獲得專業的成就和認同，可知無神的假設正確。若在其他方面，我宣稱有神，則我就是理智上不誠實。
>
> 　　　　　　　　——霍爾登（J.B. Haldane，1892～1964）
> 　　　　　　　　英國生物學家

光與視覺幻象

　　宣稱看見鬼神，很可能只是幻想性錯覺。人的周邊視覺在光線不足的情形下比較敏銳，原因是對顏色比較不敏感的桿細胞，在視網膜的周圍比較多，導致看見蒼白或青綠的錯覺在眼角飄移。平時我們看不見視網膜上的血管，但在眼睛兩旁照射強光的話，就會看見，卻容易誤解成幽靈，稱為柏金氏圖像（Purkinje figure）。有些號稱陰陽眼的人，可能是邦納症候群（Charles Bonnet syndrome）患者，常發生在白內障或視網膜病變的人，部分視野因無法接收光線而缺損，腦部便創造影像來填補。

▼日人想像的鬼魂（19世紀）。
圖片來源：維基百科

　　人眼的運作是吸收特定頻率的電磁波（光是一種電磁波），視網膜包含特殊的對波長敏感的化學物質，因其物理性質而吸收光子；因此，無軀體的靈魂或鬼有何視力？沒有眼窩、眼皮、大腦等，光了如何進到眼內與處理影像

資訊？缺乏吸光的化學物質，非物質的鬼魂不能吸收光子。「看見」表示眼睛必須吸收光子，因此，可用儀器偵測；若鬼魂能看見事物，就會被科學儀器偵測得，但從無研究驗證成功。若無力自圓其說而辯稱鬼神超自然、不受自然律限制，則何必依照自然界方式塑造人形的鬼神等？

虛擬實境

古代的宗教儀式或祭典，有時使用迷幻藥物，以增加神祕詭異的氣氛。有些教徒以迷幻劑等藥物誘發「宗教經歷」，經由扭曲感覺，藥物產生夢覺等幻象。就像一些心理學家以氧化亞氮（笑氣、麻醉劑），實驗「神祕經驗」。大麻內含致幻劑（entheogen字義「將神創造在其內」）的植物，古人已知燃燒其花以達靈魂出竅狀態。

迷幻藥中，最強效的是LSD（麥角二乙醯胺），由1938年瑞士山度士（Sandoz）製藥公司的霍夫曼（Albert Hoffmann，1906～2008）合成。某些醫藥人員和藝術家服用後的感覺是：奇異的喜悅感及新鮮感、色彩變得生動鮮豔、腦海中出現變化不定的幻象、思想奔放自由、空間感奇特地改變、可聽到美妙的聲音有如天籟、時間的感覺停止或緩慢等；人的自我意識與外界似乎消失。產生這些幻覺的原因，是迷幻藥減低「整合認知與自我意識」的前扣帶迴之活動。

有些失去手腳的人會產生幻覺而以為仍附著在軀幹上，這醫學上稱「幻肢」（phantom limb），原因是，其神經衝動投射到大腦皮質的感覺區，產生還存在的錯覺。

2002年，布連克以電流刺激患者右腦「顳葉角迴」部位治療癲癇，角迴是總合視覺和自己位置感覺訊息的區域。2006年，布連克電擊女患者的左顳頂交界區時，她覺得背後有一個巨大的陰影，

在模仿她的動作。顳頂交界區是產生「自我意識」的區域。當醫生要她曲起膝蓋，雙手環報雙腿時，她害怕地說那個巨大的黑影正要抱住她。患者因此需要不斷地轉頭，來確定她的背後沒有人或「鬼」。由於該名患者從無精神病症，因此，醫生判斷，該患者的幻覺來自電擊刺激該部位大腦。這可解釋一些精神分裂或妄想症患者的幻覺。

天堂與地獄

　　2010年，美國11歲男孩布波（Colton Burpo）出書《真的有天堂》，說4歲時因盲腸破裂動手術，瀕危之際，靈魂出竅上天堂，不但坐在耶穌腿上，還見到了因媽媽流產、來不及出世的姊姊。他說天堂「充滿彩虹顏色的美麗所在，永遠明亮、生氣勃勃，也從不天黑。大門鑲有金子和珍珠。除耶穌外，每個人都有翅膀，可以四處飛翔。每個人都穿著有不同顏色肩帶的白袍，頭上還會發光。」此天堂故事有如「童話」，應為乃父牧師操盤有功。

　　信仰的影響力實在大：1997年，39個天堂門（Heaven's Gate）教徒集體自殺，宣稱「離開人類形體軀殼」、讓靈魂登上躲在海爾-博普彗星後的太空船，而帶到天國。2001年的911事件，19個教徒自殺式襲擊美國，每人受到的教誨是，殉教者在來世審判日免於審判，而直奔神的天堂樂園，有72個處女等他。

　　中國民間信仰中，天堂是玉皇大帝統領的仙界。基督教信徒認為，天國是神居處，天國一詞來自希臘文Basileia（王權、無上之權）。在《聖經》中，天國也稱「父的家」。進入天國被基督教信徒認為是最美好的歸宿。基督徒認為天國是完美的，使徒保羅說：「那是好得無比的地方」（腓1:23）。

　　地獄為陰間的監獄和刑場，它同時出現在古代東方的印度和西方的西亞，其源頭可能是位於兩者之間的伊朗高原，早在公元前1800年，古波斯的拜火教就認為，末日審判時，有個大火坑，好人在那裡被牛奶和蜂蜜澆灌，而壞人則被融化的金屬溶液澆灌。公元前1500年，埃及《死亡之書》描述，死後靈魂接受審判；此觀念由

希臘傳承，再由基督教沿襲。

> 對世界上許多人，地獄仍然存在，不只是概念，也是地圖
> 上一個位置；美國南方許多廣告看板上寫著：「地獄是真
> 的」，就像旁邊市鎮一樣真實。宗教建基於恐懼上，若無恐
> 懼，則壞行為沒有制裁，牧師的權威得不到敬意。救世軍創
> 始者布斯（General Booth）說：「人需要地獄之火在其面前
> 焚燒，否則不為所動」。若無地獄永遠的折磨，就顯不出天
> 堂永遠的甜美。
>
> ——《經濟學人》（The Economist）
> 2012年12月22日

　　14世紀，義大利詩人但丁的長詩《神曲》，反映基督教的地獄
觀：地獄是個大漏斗，中心在耶路撒冷，越向下所控制的靈魂罪惡
越深重，直到地心，魔王撒旦掌握漏斗頂端；地獄共9層，罪人的
靈魂按生前所犯的罪孽，例如信奉邪教等，分別接受不同的嚴刑。

> 永遠被烈火吞噬、被虫獸啃咬、被焚燒的尖釘打擊；這些痛
> 苦永無停止……。從地獄火的深淵，哭求神賜予瞬間止痛喘
> 息的機會，但永得不到神的寬恕。
>
> ——喬伊斯（James Joyce，1882～1941）
> 愛爾蘭詩人

　　基督教在發展中，特別是第4世紀以後，吸收了大量其他宗教
的思想，因此靈魂不死和地獄等觀點出現在宗教文獻中。但希伯來
聖經不包含基督教新約的天堂地獄觀。猶太教的撒都該派甚至否認

有「天堂、地獄、死後的生命」之說。

據東漢安世高所譯的《十八泥犁經》中，地獄分為18層，以生前所犯罪行的輕重來決定受罪時間的長短。每一層地獄比之前一層地獄增苦20倍和增壽1倍，全是刀兵殺傷、大火大熱、大寒大凍、大坑大谷等的刑罰。

> 地獄是「虐待狂流口水的夢想」，因為地獄中永久的折騰讓人質疑，個人的信仰或作為哪需無限的處罰？若真有來世，應對「主張神發明地獄者」施以最嚴屬的懲罰。
>
> ──艾西莫夫

天堂和地獄是人間的美化和醜化

在完美的天堂，每天無所事事，只有吃喝玩樂和睡覺？則「報酬遞減」，不會膩嗎？天堂一直累積著新人，從古代一直累積，人

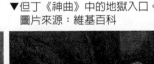

▼天堂的模樣？但丁《神曲》這麼描繪。　▼但丁《神曲》中的地獄入口。
　圖片來源：維基百科　　　　　　　　　　圖片來源：維基百科

山人海，而且每人都要擠到神的旁邊，就如上述美國男孩布波坐在耶穌腿上？人在天堂裸體或穿衣？衣服哪裡來？有七情六慾或呆滯無情？祖宗8代見面，有人間知識可交談或只知鬼神？

　　2007年，教宗本篤十六世發表第二道通論「在希望中得救」，指出「我們真的需要永生嗎？也許，今天許多人拒絕信仰，只因不認為永生有吸引力⋯⋯但永遠活下去不像恩賜而像詛咒⋯⋯單調與終極地不堪忍受。沒有死亡或永遠延擱死亡，將使地球和人類陷於絕境。」

> 真正仁義者不會相信存在「地獄」永遠的懲罰，但耶穌卻是，並且對不聽他傳道的人，一再懷恨在心，例如，「無論誰說話抵擋聖靈，無論在今世，或是在來世，他都不能得赦免」（太12:32）。相對地，古希臘賢哲蘇格拉底就不會那樣，對不聽者只是淡然和文雅，因此，我認為蘇格拉底比耶穌更像聖人。
>
> 　　　　　　　　　　　　　　　　　　——羅素

　　《聖經》將人間各式多樣善惡，簡化為天堂與地獄兩歸屬。但有時混淆善惡比喻。

> 神兼具善與惡嗎？學者耶柔米（Jerome，約340～420）將希伯來文「晨星」翻譯成拉丁文「路西法」（Lucifer字義「持光者」），常被基督徒指為撒旦，代表墮落之星，而為古代墮落或邪惡者的符號（賽14:12）。但耶穌為明亮的晨星，因「我就是明亮的晨星」（啟22:16），亦即他是撒旦。晨星實為金星，金星總是低垂地平線上，對信徒而言，就像下

墜星星或說墜落天使。若說《聖經》無謬誤，則耶穌顯示自
己為撒旦。

———沃克（Jim Walker）

《黑暗的聖經》

西方另有靈薄獄（Limbo意指「地獄的邊緣」）觀念，天主教
認為靈薄獄安置「耶穌出生前逝去的好人、出生後未接觸過福音的
逝者、未受洗禮而夭折的嬰兒靈魂（因具有與生俱來原罪）」。因
為人帶有與生俱來的原罪，須要受洗，純淨靈魂才得以進入天堂。
但後因靈薄獄觀念出自猶太教，被視為異端邪說，直到神學家聖奧
古斯丁在著作中，又將此學說重新納入神學中，但不是教義中。反
對者認為，聖奧古斯丁學說是異端邪說；擁護者認為他們太苛刻，
兩派至今爭論靈薄獄的存在。

一些基督新教派認為，耶穌被釘死於十字架那一刻，已經替人
類贖去原罪的罪孽，以後出生的人，不再有與生俱來的原罪，而夭
折的嬰兒生前根本沒有機會犯罪，自然能以無罪之身進入天堂，因
此，拒絕為沒有足夠智力理解教義的嬰兒施洗。靈薄獄之說亦對天
主教教徒造成困惑：若生前行善而上天堂的夫婦，其兒女未受洗禮
即夭折，則被永遠打入靈薄獄。父母在天堂享永生，但眼見兒女永
遠在靈薄獄中，豈不是永受骨肉分離之苦？總之，這些天堂地獄的
遐思反映人「作法自斃」。

天堂門外有兩等候者，守門的聖彼得歡迎他們：「兩位的居
所已經安排好了。教宗，你住天堂公寓，這是房門鑰匙，請
自行前往。生化學家詹森，你住花園豪華別墅，專用司機等
你上車。」教宗抗議：「我一生服侍神，他毫不理神，為何

我待遇比他差？」聖彼得回說：「喔，天堂中，教宗兩三百
人[2]；但科學家很少。」

——科恩（Joel Cohen）

美國數學生物學家

天堂和地獄是古代低科技的遐想

《聖經》描寫地獄：「遍地都是硫磺、鹽和火燒[3]（申29:
23）。陰間下鋪的是蟲，上蓋的是蛆（賽14:11）。」神所創的蟲
蛆一生就為虐待人？萬能的神只會用硫磺鹽和火折騰人？靈魂有痛
覺神經和腦以感受痛？罹患「先天無痛」症者就不受折騰？

古人遐想雲上有天堂，神在雲上遨遊：神「駕雲」（詩篇
68:4）；神「的衣服像雪一樣潔白，頭髮像純白的羊毛」（但
7:9）。然而雲只是水氣，上方還有其他行星和隕石撞擊，近代太
空人或太空船並沒見證到任何天堂。若說神「空靈」不可見，則為
何要在「具體可見」的雲上？欺負古人無法飛到雲上查證？

《地藏菩薩本願經》描述地獄有十八層，例如，第九層地獄為
「油鍋」、第十層為「牛坑」（死後被野牛角頂和蹄踩）。但是，
古代油鍋用什麼油？鬼神自行提煉的合成油？野牛哪裡來？牛一生
就為教訓人？

若真有天堂和地獄，為何各民族的不同？例如，中東人的天堂
四季如春，樹木、花草、綠意盎然，河裡流的的是牛奶、甜酒，因

---

[2]　直到2015年，總共已有266位教宗。

[3]　《聖經》描述的地獄可能指為耶路撒冷外的欣嫩谷（Valley of Hinnon）磯漢
那（Gehenna），古人在此焚燒垃圾，因此常有火；嚴重罪犯者不配復活與
墓葬，其屍體就扔此焚燒。垃圾上撒上硫磺以幫助燃燒，因此這個地方總
是煙霧繚繞。

▼神就是白髮老者眷顧大眾：義大利畫家Cima da Conegliano之作「父神」。圖片來源：維基百科

其居沙漠，其「心裡投射」的天堂正是他們所渴望的。

這些宣稱有證據嗎？沒有，只是誘惑與恫嚇無知者的神話。病菌病毒會污染天堂牛奶？牛奶由人間牛隻供貨？地獄烈火常燒不會讓地獄一直升溫？或地獄已裝冷氣機定溫？

有個美籍埃及裔科學家過世，到地獄去，守門小鬼問他要到美國地獄或埃及地獄？他問有何不同？「在美國地獄，8小時被叉子刺、8小時在煎鍋中、8小時休息。在埃及地獄，12小時被叉子刺、12小時在煎鍋中。」當他還在比較時，有老友魂靈飄來，在他耳邊細語：「選埃及地獄。獄卒叉刺不久就喊累而休息去；至於煎鍋，我們已經缺瓦斯1個月了。」
──科恩

　　所有的「神、天使[4]與翅膀、先知、菩薩等」、吸引信徒的各式神蹟招式、天堂獎勵與地獄懲罰方式等，就知那是古代「低科技」的遐想，實在侮辱萬能神的功力？

---

[4] 2009年，英國倫敦大學學院生物學家沃頓（Roger Wotton）指出，天使根本就不可能會飛，因鳥類骨骼密度降低（中空化），提供他們輕盈但強壯的骨架。相較之下，天使擁有中等身形，小天使和身上長著小翅膀的圓胖嬰兒也明顯過重。

驅魔，哪來的魔？

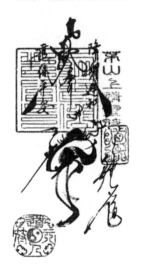

▼符咒有何神力護人？圖片
來源：維基百科Mkckim

▼教士驅魔。圖片來源：維基百科

　　古代的巴比倫人相信地下世界，由殘暴的尼甲神統治；也害怕
邪靈，以念咒來安撫邪靈。

　　道教主張，人死後就會變成鬼，修行多年的人（道士、道姑）
或仙，通過咒語或鬼符等，可操控鬼的行動。受中國文化影響的國
家裡，有很多習俗都是與驅鬼避邪有關的，例如春聯、門神和雄黃
酒等。

　　《聖經》描述耶穌驅魔，惡魔附身成為基督信仰的一部分，並
使驅魔成為天主教、東正教、新教教派的教義。耶穌這項能力是救

世主的象徵，驅魔人用「神的力量」，或「以耶穌的名義」進行驅魔，因耶穌曾命他的十二個門徒，以他的名義驅趕邪靈。

1215年，天主教在第四次會議聲明：「魔鬼和其他邪靈受造時，本被神賦予良善的本性，但他們自甘墮落，變為邪惡。」在中世紀，任何異常的事情，例如，原因不明的疾病、突發的死亡、不佳的收成等，都被指是魔鬼引起的。由於相信人會被魔鬼或邪靈控制，這種想法很快就引起普遍恐慌，人們對魔法和巫術的恐懼達到歇斯底里的地步。從13到17世紀，對巫婆的恐懼席捲整個歐洲、北美。在歐洲，宗教裁判所和世俗法庭，僅根據流言蜚語或惡意告發，就審訊疑為巫婆者。

驅魔是羅馬天主教每位神父都能進行的儀式，每個教區也有特定神父為專屬驅魔師，但驅魔對象必須先經過嚴格程序，認定確為被惡魔附體。1998年，教廷發布最新版《驅魔手冊》，其中明列的驅魔儀式相當簡單，驅魔師在被惡魔附體的受害者身上灑聖水、祈禱祈福後，會對惡魔進行短暫審問，包括問其姓名、有多少惡魔、何時會離開等。連姓名也要問，則有何驅魔能力？

1973年，電影《大法師》（The Exorcist或譯《驅魔人》），描繪神父為惡魔附身的小女孩驅魔，引發民眾對驅魔的興趣。驅魔人在西方多為神父，東方則有道士、靈媒等。驅魔中常祈神及使用符咒、神像、十字架、避邪物等道具。

1986年，梵蒂岡首席驅魔師阿莫斯（Gabriel Amorth）神父，已執行7萬次驅魔，說不喜瑜伽和哈利波特：「瑜伽為魔鬼之作，你以為在伸展身心，但卻導向印度教，所有東方宗教源自輪迴的錯誤信仰。哈利波特的魔鬼是個狡猾者，運作非凡的魔法和邪惡的力量。撒旦總是隱身，只想讓人以為他不存在，他研究我們每人對善惡的傾向，然後引誘我們。」2010年，阿莫斯宣稱，震驚教廷的各

地神職者性侵兒童事宜，顯示魔鬼在梵蒂岡運作。為何萬能神袖手旁觀？

▼美國阿拉斯加巫師為生病的男孩驅邪（1890年）。圖片來源：維基百科

2005年，羅馬尼亞一名年輕東正教修女接受神父驅魔時，被鐵鏈鎖在十字架上，用毛巾塞住嘴巴，斷水斷糧3日後氣絕身亡。這名神父被該國政府以謀殺罪起訴，但他辯稱驅魔是神的旨意。

2012年，挪威導演阿克塞爾森（Fredrik Akselsen）製作「21世紀的驅魔人」，顯示神父霍替（José Fortea）使世界擺脫惡魔的實況，這是梵蒂岡核可的影片。片中，一位哥倫比亞婦女宣稱，1997年起，被惡魔附身，神父作法時，婦女尖叫：「該死的神父，滾蛋！」。神父說她體內的惡魔會召喚更多惡魔助陣，但神父會呼喚聖徒和天使相助，佐以祈禱；奇蹟會發生，而為天國降臨的證明。

2013年，教宗方濟各為一名信徒祝禱時，疑似為他驅魔，但梵蒂岡否認。首席驅魔師阿莫斯曾幫該男驅魔，指出該男被4種惡魔纏身，原因跟墨西哥市墮胎合法化有關。教宗方濟和已故教宗若望保祿二世都舉行過驅魔儀式。

全能全知神哪需驅魔？其實，就如靈魂，「魔鬼」只是天主教自己創造的「虛擬敵人」，「驅魔」只是自欺欺人。其實全為心理病症，應受心理治療（藥物、行為等）。

「業障觀念」才是業障

佛教徒詮釋事件，實在有創意，例如，被殺是因上輩子虧欠對方；夫妻不合因上輩子有仇。

婆羅門教教徒相信，4大種姓及賤民於輪迴中永襲不變。佛教擴充而主張，輪迴是一個過程，人死去以後，「識」會離開人體，後來會進入另一新生命體「人、其他動物、鬼、神」；又區分今生、前世、來世。

古希臘哲學也有輪迴觀念，例如畢達哥拉斯及柏拉圖等。但基督教不贊同，因相信轉世說會削弱一神教的「天堂、地獄、最後審判」觀點。

> 人常因不同宗教信仰而產生偏差概念。天安門事件時，一位德國人批評中國人殘酷，我回應說，二次世界大戰時，德國納粹更殘忍，他卻說信仰佛教者相信輪迴，如果人與畜生的生命可互相轉換，對人就不會尊重。
>
> ——李遠哲，中研院前院長

業（karma）為印度教、錫克教、佛教、耆那教等，印度宗教的普遍觀念，業力是組成因果報應的原素，個人過去與現在的行為所引發的結果的集合。業力影響今生，還延伸至來世。佛教的業有三類：（1）身業由身體行為產生；（2）口業由語言產生；（3）意業即念頭。另外，水災的業因是貪欲，火災的業因是瞋恚，風災的業因是愚癡。

若說做壞事要受懲罰，而輪迴成畜生，但諸如受遺傳疾病之苦的人，不會比富貴人家的寵物還好命；獅虎專吃其他動物以維生，怎可能累積善業，以輪迴轉投胎人世或天界呢？佛教徒吃菜，也是殺生，因菜也是生物，只是古人不知，今人只好護短硬拗。

▼藏傳佛教唐卡中的六道輪迴。圖片來源：維基百科Stephen Shephard

佛教根據「因果律」相信前生，要知前生因，就看今世果。今世富貴榮華、聰明美麗，則你前生積善，今生來享福。若今世貧窮潦倒，為妓女盜匪，表明你前生造孽，所以今生要受業報。聽來合理公平，其實卻是「事後諸葛」的自以為是。對因果關係的認知，往往受到認知偏見的扭曲。例如，通常人們認為世界公平，「善有善報、惡有惡報」，這樣子比較心安；但這種心態會導致，認為受到傷害者「有問題，不然怎會受害？」。

印度教漁民認為海洋是個可怕之神，需要取悅；出海遇災表上一輩子行壞，而受神懲罰。2004年，印度洋大地震（南亞海嘯），對南亞造成巨大傷亡，至少20多萬人死亡，其中兒童甚多，某佛教領袖評論：「兒童並非無辜，人可因前世犯錯，而隨時受罰。」似乎欲加之罪何患無辭？

輪迴、食物鏈

靈魂輪迴具有強烈的道德判斷味道。其實，在自然界，生物自有「生產者、消費者、分解清除者」經營模式（business model），

分工合作而平衡生態。「生產者」以陽光、水、二氧化碳等物，行光合作用，合成有機物的綠色植物；「消費者」進食生產者，死亡後，由「分解清除者」進食屍體與清除廢棄物。例如，植物也吸收動物腐爛分解成份，遑論捕食動物的捕蠅草等植物。

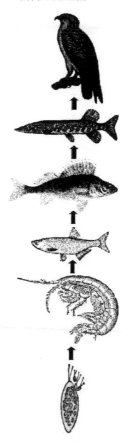

▼食物鏈（由下而上）：藻類、蚤狀鉤蝦、鮈魚、鱸魚、白斑狗魚、魚鷹。圖片來源：維基百科R.schwab

> 求生的意志應是生物的特性，但是所有生物構成的大家族，明示彼此靠犧牲家族份子，以獲得營養而存活，亦即成為食物鏈，因此大家均有罪。
> ——霖德謝（Robert Lindsay）
> 美國布朗大學研究院院長

1927年，英國動物學家埃爾頓（Charles Elton），以「食物鏈」描述不同層次的物種鏈結。接著，提出「食物網」（food web），明示生物間互為食物的關係。各式生物演化的背後是天擇。至於今人想到的「人道屠宰」、「動物權」等觀念，部分來自現代倫理道德觀，部分是生物界食物鏈的折衷思維。

食物網觀念務實地解釋，物質和能量在物種間轉移的情況。相對地，占人發明的天堂與地獄觀念，則毫無質能知識，可知只是

遐想。

佛教贏了面子，基督教贏了理子

佛教以業報解釋人生所有成敗得失，比其他宗教聰明的是，將報應時間機動調整為「緣份到了、因緣成熟」才得結果，但沒人確知其時間點；例如，惡人今世沒受罰，後世總會受罰，逃避不了。

> 為了解決好人壞報的困擾，基督教提出「原罪、最後審判」的觀念……善人之所以會遭受不幸，其實是神考驗他們，而惡人是好景不長的，因終將在最後審判時受到懲罰。佛教則提出更周延的化解，引入「業報、因果」，神不只考慮一世的善惡，更有「宏觀」的安排：善人為何不幸呢？因他前世作惡，但今生善事將在來世結善果；同理，惡人享福因前世行善，但今世行惡將在來世結惡果。
>
> ——王溢嘉

台灣每8百名新生兒中就有一位是唐氏症（智障、發展遲緩等），佛教認為，遺傳病症是業障所致，這讓父母與孩子更難受，有如傷口灑鹽。又宣稱婦女不孕來自家宰雞鴨等殺生，也是「張飛打岳飛」，否則買宰妥雞鴨祭品只是「以鄰為壑」，何況，古今中外屠宰業，甚至兇手均無子嗣嗎？

逐漸地，科學找出遺傳病症的對策[5]。在宣稱業障致病方面，

---

[5] 唐氏症來自基因突變，導致第21號染色體多了1條。2013年，美國麻州醫學院蘿侖絲（Jeanne Lawrence）團隊，發現解決唐氏症問題方法：將XIST基因導入唐氏症患者幹細胞，「關掉」（gene silencing，基因沉默化）那個額外

台灣佛教傷害社會甚大。結果，身障人士若有宗教信仰，大多選擇基督教而不是佛教。

佛教宣稱解決之道在，誦持《拔一切業障根本得生淨土神咒》，阿彌陀佛會護持，離苦得樂，並在命終時，接引入西方淨土。這套技倆和基督教的類似：先入人於罪，再以天堂樂土誘惑信教。

> 教徒說需要神，以便維護世界的正義公平；但舉目看去，到處不公義，好人受苦而壞人逍遙。結果，若要在宇宙中有公義，就需創造「來世」，以便補救今生。因此，必須有神、天堂、地獄，以便長久之計有公義可言。但客觀而言，我們只知這個世界，其他的則無所知，不過既然神造的這個世界，明顯地時常沒有公義，則別處就會有公義嗎？亦即「來世」是否也充斥不公不義呢？
>
> ——羅素

的第21號染色體。

前世今生：靈魂到處跑？

　　前生是何意思？是靈魂轉投胎嗎？可以跨物種嗎？若無靈魂哪來前生？生物是DNA或RNA信息的複製與傳遞；生物死後，就沒有「意識」，何來「前生」？若有前生，則從何時開始？往前溯自人猿、中生代恐龍、或古生代蕨類？

　　中國古書《宣室志》[6]提到借屍還魂的事件：有竹某人已死12年，有天現身家中，向家人解釋：「在陰府想回家看妻小，但每隔30年，才能讓一個死者復活，到人間宣講善惡福禍。冥官說：『你的身體腐爛很久了，怎麼辦？』管案者說：『他的同鄉趙某人剛死，可讓他借屍還魂。』冥官准許。」古代小說可信嗎？

　　1992年，台灣有本暢銷譯書《前世今生：生命輪迴的前世療法》，描述宣揚催眠治療的美國邁阿密精神科醫師魏斯（Brian Weiss），追溯一位女精神病患「86個前身的12個」。他宣稱經由病患，而和古智者對談。但病患如何知道自己千百年前的生命？魏斯說有超意識心靈。

　　2013年，在基隆禪寺，14歲的蔡經濠，由西藏佛教高僧瑪貢仁波切來台主持「活佛陞座」典禮，認證成為徹珠生給旺珠第5代轉世。瑪貢仁波切表示，14年前，篤信佛教的蔡經濠父母到大昭寺求子，他就已知活佛將轉世：「若求得一子，必是相當特殊的人。」怪哉，信教大人以未來孩子與無知少年，互相信託、決定命運。

---

[6]　《宣室志》是唐人作品，來自漢文帝曾在宣室召見賈誼（前200年～前168年，西漢著名思想家）問鬼神事宜，深受佛家思想影響，宣揚因果報應等觀念。

▼英國人想像的喚魂（1806年）。圖片來源：維基百科

　　輪迴投胎的宗教觀，會影響民眾生命，例如，2013年，台北貧窮精障婦人與肢障兒子燒炭自殺，遺書寫著：「希望兒子投胎後，能找個比較好的家庭。」對今生不滿意，則尋死就有活棋可選？

嬰靈：創意斂財之道

　　「嬰靈」又名「水子靈」（「水子」是指流產早夭的嬰孩）。日本在二戰後，開始流行「水子供養」，流傳來台。又因國人性觀念漸開，而墮胎漸多。1985年，苗栗造橋的龍湖宮開始推廣「嬰靈供養」商業模式，其他寺廟跟著生財有道。

　　現代教徒發掘出相關的教義，開始「借題發揮」，也抬出神的

旨意,例如,說佛反對墮胎,因為墮胎是殺業。若不供養嬰靈,就會纏著母體緊追不捨。也必須委請寺廟代為超渡祭拜,父母祭拜嬰靈,反讓嬰靈變成「討債子」,而無法轉世,因果業報一再輪迴無法終止。

　　婦女身體不適、工作不順、財運不佳、感情生變等,統統可怪罪「嬰靈」報復。接著,開拓市場的知事僧靈機一動,男人曾讓女友或小三墮胎的,也難逃嬰靈的羅網;結果,原本只有婦女市場的客源即可加倍。可知未來市場競爭激烈時,還會開發新客源。

　　曾墮胎的女性,易存恐懼或愧疚心,給斂財有術者抓到把柄。2010年,某廟祝說該廟立個牌位3600元,每月約有100人立牌。生母到廟裡付錢為孩子超渡,祝其投胎走好路,不當孤魂野鬼。根據中華護生協會,至2011年7月底,在該會登記的牌位超過370萬個。

第五章
雞毛與令箭

脫軌的假藉

1999年，台灣921大地震後，台北行天宮人山人海，求神「收驚」。許多醫院精神科門可羅雀，而隔壁收驚壇則大排長龍；這讓報紙標題「災後紓壓，大夫搞不過神明」。同時，社會冒出一大堆地震大師，其根據不是地質研究或測量儀器，而是神明託夢、降示籤諭、神爐發功、行星大十字預言。

1209年，教宗指使十字軍攻擊法國南部城市，教宗特使被問到，該城被攻陷後，如何區分天主教徒或異端？特使回答：「儘管屠殺，神自然會辨識祂的信徒。」

> 在《聖經》中，神要求我們砸異教徒的頭，若祂命令我們就要樂意犧牲孩子生命。若沒順服地崇拜亞伯拉罕神，就會被永遠地懲罰。……宗教熱情造成傷害的例子不勝枚舉，包括史上的大屠殺、十字軍東征、聖戰。
>
> ——溫伯格

2009年，愛爾蘭政府調查報告指出，1975到2004年間，有上百名兒童遭到教會46位神職人員性侵，而教會高層還掩飾那些罪行。隨後奧地利、荷蘭、瑞士、德國，一再浮獻醜聞。這些神職人員穿著道袍，類似「沐猴而冠」，此為典型的「雞毛當令箭」：假藉神威招搖撞騙。2014年，聯合國兒童權利委員會嚴厲譴責教廷（一再姑息）。

> 盛行於羅馬帝國的各種崇拜神，在其子民眼中同樣真實，在其統治者眼中同樣有用，但在其哲學家眼中一樣虛假。

──吉朋（Edward Gibbon）

英國歷史學家

　　2011年，基本教義派的耶穌基督後期聖徒教會（摩門教基本教義派最大的一個分支教派，也是目前美國最大的奉行一夫多妻制的團體），領袖捷夫斯（Warren Jeffs），因性侵女童而被判刑監禁終身。他擁有78個太太，其中29個是他父親的太太，56個為姊妹對，24個為17歲以下未成年女孩。均崇拜他為先知，思想被操縱。他告訴女伴，臣服於其性需求，她們就取悅神，又為大眾贖罪。他在法庭上威脅，若沒立即被釋放，神會懲罰眾人。

　　古今多少騙徒假藉神名，「雞毛當令劍」；以宗教經典和教徒為榜樣，有樣學樣地行騙天下。

與神交換條件

信徒與神交換條件的原因很多，交換的機制是，神靈幫忙完成願望，信徒則出錢出力等。例如，2013年，新北市某警員結婚七年無子；後來，夫妻向神明發願，最後成功得子[1]；還願內容為夫妻捐100萬。但2015年，桃園有人許願無成，憤而砸廟。

德國小鎮歐伯亞馬高（Oberammergau）位在阿爾卑斯山山腳，每10年這裡有個宗教活動，吸引眾多全球觀光客。故事源頭是6百年前的中世紀，當時瘟疫席捲歐洲，此地鎮民向神發願，如果能免於瘟疫，就每10年舉辦一次感恩的耶穌受難劇。結果，他們的祈求如願，於是，感恩戲碼從此上演。6百年來，鎮民一直履行這項古老承諾；最近的演出是在2010年。

中世紀民眾不明瘟疫原因，只能祈求神之赦免，亦即「特殊恩典」。若該鎮發願才得免於瘟疫，則中世紀時應可說每人求神助，其他地區情何以堪？難道，神在寶座上，隨祂高興，手一指某地就瘟疫？若聽到還願條件滿足祂虛榮，就手一揮，瘟疫就移師他地去搗蛋？

在生命末期，是否有宗教信仰，其間差異不大，無神論者也有充滿愛心和具有生死哲理智慧的。人在生命末期，會經歷否認、憤怒、討價還價、消沈抑鬱、接納等階段。否認期的時候，「意義的賦予」為關鍵，宗教信徒常會認命，因為這

---

[1] 其實，該感謝的應為試管嬰兒科技與醫生，神攬走功勞，實在不該。

是神的意思，不論出自生氣或報應等，神說了算。在討價還
價期，人會許願，而要和神交換條件，例如，若「痊癒則皈
依佛門」或「終身為教會服務」，此時情景充分反映，人世
交易的習慣應用到祈求神蹟。

— 庫博樂蘿絲（Elizabeth Kubler-Ross）
美國精神醫學家

▼泰國四面佛。圖片來源：維基百科
TongJar322~commonswiki

　　許多國人前往泰國四面佛壇
祈求。源頭是在1956年，某酒店興
建時，發生一連串的不幸事故，
請來道士作法，依其建議而順利
完工，於是還願供奉四面佛。信
眾相信四面佛極為靈驗[2]，每年許
多人膜拜，「如果」祈求後願望
達成，信徒必須準備祭品再次到
此酬神還願，方式為奉花、表演歌
舞。因為還願者多，廟旁的花店興
隆，等候的舞女則頻頻等上場。泰
國人真有創意，上游的神、中游
的宣導還願、下游的花與舞，整合成一套運作商業模式。但是，
若達成願望，真的是神的功勞？那豈不表示神在主宰成敗與牟取
利益？

　　我國春節時，廟寺香火鼎盛，供奉財神爺的尤甚，相信「誠則
靈」，香油錢的數量與願望的大小成比例。

---

[2]　2006年3月21日，該四面佛被穆斯林以鐵鎚敲擊破壞。如此自身難保，如何
　　佑人？

2013年，天主教廷在教宗出訪巴西前，宗座聖赦法院宣布，教宗為參加巴西世界青年節的信友頒賜全大赦，無法親臨者可藉助推特（Twitter）等媒體，在精神上通過辦告解、領聖體，又按照教宗意向祈禱的方式，獲得全大赦（今生與來世全免受罰）。天主教實在有創意。

鬼神的效力

古人已發覺，在小團體中，八卦或名聲等社會力量，足以維繫執行倫理道德，但在較大的團體，就需創造「隨時監視的」神祇，約束人性自私等黑暗面，倡導合作等社會運作助力。

台灣民間立誓「對神咒咀」、「神前立誓」、「神意裁判」。又認為「舉頭三尺有神明」、「惡有惡報，善有善報」、「人在做，天在看」、「平常不做虧心事，夜半不怕鬼敲門」，這是宗教的獎懲功能。但是若不信鬼神，則缺嚇阻犯罪的效果。

17世紀，英國冒出一個基督教新教的派別「貴格會」（Quaker），又稱公誼會或教友派，因一名早期領袖的誡言「聽到神的話而發抖」，就取名為Quaker（顫抖者）。

教徒的約束比較多，例如，摩門教徒禁咖啡、菸酒、茶、嗑藥、婚前性行為。這些規矩可能讓他們更守規矩，因神要求。但萬一不信神，則守規矩的基礎消失，可能沉淪。

台灣寺廟不敵宵小，需用鐵門重鎖，其內諸神如「坐牢」。發覺神明其實只是紙老虎者，就可趁虛而入，例如，2013年，苗栗慈雲宮遭竊賊以油壓剪鐵鎖，偷走香油錢，廟祝只能謾罵「斥賊囂張，必遭神明譴責」。神明無力自保的例子，不勝枚舉。

神真有代言人？

　　教宗貴鈞利第九世（Pope Gregory IX，1227～1241）喜歡封皇加冕。根據天主教教義：教宗職位不單只是屬靈的，需要接受聖職禮，更是屬世的，需要像皇帝一樣加冕。冠冕必須是三重的，形狀像頭盔。這種冠冕原是古代波斯王所選用，為要象徵自己是神明。教宗加冕的儀式是帝王式的，享用榮華富貴[3]。

　　西元1231年，他在歐洲各城設立「異端裁判所」，凡拒絕放棄異端信仰的，都被處決，通常是燒死，由市政府代替教會執行。教宗本尼法修第八世（Boniface VIII，1294～1303）說：「……有兩把劍，一把是屬靈的，另一把是屬世的……。這兩把劍所代表的權力都應該由教會支配。因此，屬世的劍必須為教會服務。雖然屬靈的劍由祭司的手執拿，屬世的劍由君王和士兵的手執拿，但兩者都由祭司來支配，由祭司來指揮。」

　　教宗的完整頭銜是：「羅馬主教、耶穌基督代表、宗徒長之繼承人、普世教會最高教長、義大利首席主教、羅馬教省總主教及都主教、梵蒂岡城邦元首及天主眾僕之僕」。教宗也是梵蒂岡城國（在1870年之前，教宗統治區曾為義大利中部）的國家元首；在西方，教宗有時也會被敬稱為「聖父」（Holy Father）。

　　在第一世紀時，有人被稱為「神聖的、神的兒子、神、從神

---

[3] 除了大權在握，諸如教宗亞歷山大六世（Alexander VI，1431－1503），還縱慾而有情婦與私生子。

來的神」，也用頭銜「主、救贖者、救星、世界的救主」。大部分的基督徒可能會認為這些頭銜是為基督而特別創建，但在耶穌存在前，所有這些頭銜屬於羅馬帝國的開國君主奧古斯都[4]。

——克羅森（John Crossan，1934～）
《神與帝國：古今耶穌對抗羅馬》

教宗庇護九世（Pope Pius IX，1846～1878）時，第一次梵蒂岡會議宣佈，教宗因為擁有至高無上的使徒權柄，所以他在教導上是無誤的，亦即「教宗無謬誤」（Papal infallibility，但有些條件），神會保守他在職任上所作出的教導是不會有錯誤的。

權力易於腐化，絕對的權力造成絕對的腐化。
——艾克頓爵士（Lord Acton）
英國歷史學家

權力的腐化，使得諸如貪婪與濫權等人性弱點，腐蝕許多宣稱傳達神旨者。缺乏制衡，結果，神旨增加天災人禍。

你現在居住的土地，四面被大海和山巒限制，對你們諸多人口是太侷促，也無法提供居民足夠的食物，結果你們互相爭

---

[4] 奧古斯都（Imperator Caesar Augustus，前63～14年），原名屋大維（Gaius Octavius Thurinus）。前27年，羅馬元老院授予其「奧古斯都」（Augustus，神聖至尊之意）稱號，在當時人的宗教信仰中，這意味著持有者擁有超越人的權威。死後被列為神，直到君士坦丁大帝在4世紀奉天主教為國教前，奧古斯都神一直是羅馬人的崇拜偶像。

奪殺戮，而傷亡累累。因此，停止爭吵，邁向耶路撒冷聖墓
教堂之路，從邪惡的種族手中奪回該地，佔為己有。

——教宗烏爾班二世，1095年
第一次十字軍東征前夕昭告

2000年，天主教教宗發表告解，對早期天主教會的十字軍東
征、宗教裁判所、贖罪券、羞辱女性、污衊猶太人等錯誤表示悔
過。這些錯誤均托神之名，而傷及許多無辜。真有全愛神嗎？

2013年，世界各國領袖祝賀新教宗方濟就職，教宗說：「在座
都是負有改善政治社會經濟重責大任的領袖，請務必致力改善環境
與人類福祉。」兩千年來，教宗「以神的分身自居」，作威作福地
火燒異教徒，現在怎地如此謙虛？為何不立即施展神威改善世局？
真有全能神嗎？2014年，他呼籲以色列和巴勒斯坦停火，「拜託，
停火」。

自封為「選民」

1954年，愛因斯坦指出，雖身為猶太人，卻不認為自稱為神
「選民」的猶太人，會比其他族群更高明。「選民」觀只是傲慢的
「民族優越感」。

基督徒則自認已取代猶太人，成為神的選民，並引證：「沒有
猶太人或希臘人，……因為你們眾人在基督耶穌裡，都是一了。你
們既屬於基督，就是亞伯拉罕的後裔，是照著應許為後嗣了」（加
3:28-29）。但猶太人不承認耶穌是彌賽亞和神的兒子，就不擁有選
民資格。

德國希特勒大肆屠殺猶太人時，一位老猶太人在猶太教會堂

> 激情地祈禱:「萬能的神啊,四千年前,在西奈山上,祢將
> 猶太人當選民,承擔祢神聖的律法,為全世界的見證;此榮
> 耀讓我深感榮幸。但我受夠了,該是祢讓其他民族當選民的
> 時候了。」
>
> ——艾西莫夫

類似地,日本自認為神選民族、神造國家。統一教開山祖師文鮮明宣稱,韓國是蒙神揀選的國度,負有神聖的使命,是「神所揀選當代領袖誕生地」,也是神聖傳統的發源地。

美國奴隸主認為自己是神所選定,擁有並買賣奴隸。相對地,廢奴主義者也認為自己是神所選定,給奴隸帶來自由和平等的權利。德國納粹主義相信其種族雅利安人優越(自選),支配其他較低等的種族是他們的使命,結果屠殺猶太人(神選)。

神向摩西曉諭:「你們就是我的子民。全世界都屬於我,但只有你們是我的選民。」神選民猶太人獲得神「應許之地」迦南,說是「流奶與蜜之地」,但實際上,該地貧瘠而無良港,甚且常有宗教紛爭。

> 《聖經》說,摩西領導猶太人逃出埃及的虐待,在西奈沙漠
> 流浪四十年。神這般全能,為何需要四十年猶豫?神為何不
> 創造一塊農林魚牧均佳之地給其選民?經由神的指引,摩
> 西終於將其人民帶到應許之地;但以色列第四任總理梅厄
> (Golda Meir)說,此應許之地是中東唯一不生產石油之地。
>
> ——史坦格

「約伯記」如同愚民宣導

《聖經》裡最長的一段神與人的對話，是在神與約伯之間，神教訓約伯，讓他知道究竟誰是「全能者」。約伯富有而變得驕傲；神問「你可曾司掌晨光？」，約伯被鎮服而匍匐在神面前，承認自身渺小、神偉大。神說謙卑恭順取悅神，神自會慷慨賜予。

約伯「敬畏神，遠離惡事」，有7子3女，富裕而僕婢盈門，敬拜真神耶和華，拒絕像外邦人一樣膜拜太陽、月亮、星宿；家裏若有人犯罪，他便向神獻上燔燒祭物。撒旦卻向神挑戰約伯的忠誠，說他只為物質利益才事奉神。神若容許它把約伯所擁有的一切都奪去，約伯必定會捨棄忠誠。耶和華接受撒旦的挑戰。最後，約伯通過試驗。神給他更多財富，再生更多子女，他多活140年。

為何約伯的子女與僕人沒復活重生？她們為了神與撒旦的賭博而犧牲，過後卻沒得回復生命？神全能而不願嗎？全知神不知賭博的後果嗎？約伯活兩百年，可能嗎？神與撒旦可立刻現身澄清？或全為騙局？

▼撒旦單挑約伯、神與約伯對話。圖片來源：維基百科

古代教徒深諳箝制與麻痺之術，創造出約伯的故事，鞏固「堅信」。難怪耶穌獨攬：「我就是道路、真理、生命。要不是通過我，誰也不能到天父那裏」（約14:6）。神何其心胸狹隘！曾任美國物理學會發言人的派克教授說，他小時的主日學老師描述約伯後，會告誡學生不可論斷神，會遭殃的。

神之手

1986年，世界盃足球賽在墨西哥城進行，其中，阿根廷對英國的比賽格外引人注意，因四年前的1982年，兩國敵對而發生福克蘭群島戰爭；球賽時發生爭議性進球，當時阿根廷球員用手把球打進球門，卻沒被判犯規，結果，阿根廷以2:1獲勝。

2002年，阿根廷球員馬拉度納（Diego Maradona）出版自傳，承認這個進球是個手球：「我現在能說出當時不能說的事情了。當時，我稱其為『神之手』，我感覺自己有點像是偷了英國人的錢包。」

2013年，羅馬教廷選出來自阿根廷的樞機主教伯格里奧（Jorge Bergoglio）為新教宗方濟各，阿根廷人歡欣鼓舞，認為「神之手」再次發威。馬拉度納隔天聲明：「阿根廷人都記得神之手，現在神之手帶給我們一位阿根廷教宗。」又在網路張貼自拍照，手舉白紙寫著「新教宗認同神之手」。委內瑞拉也不遑多讓，代理總統馬杜羅（Nicolas Maduro）說，這是剛過世的查維茲（Hugo Chavez）總統升天後，見到基督，幫忙說項的結果。

2013年，南韓大報《中央日報》專欄說，「日本遭原子彈轟炸是天譴，神常藉人類之手懲罰惡行。日軍731部隊活人實驗犧牲者，受害者淒屬哭聲上達天聽。」

2014年中，以色列和巴勒斯坦互鬥，後者飛彈來襲重要區域，

前者攔截兩次均失誤，後來，以色列攔截指揮說，神之手發揮功效，吹來強風將飛彈推歪入海。若神之手為真，為何不拯救引發互鬥的以色列青年被殺事件？甚至，早就疏導以巴和平相處？

　　台灣的吳神父（Josef Eugster）很有名，提倡腳底按摩健康法。每次被問到自認最成功的地方是什麼時，吳神父總說，天主藉著他的手，將這個健康法在世界各地傳承下去。

有超自然力，就有騙局

鬼神的招牌很管用，作奸犯科者實在愛死它。2011年，雲林「無極慈濟宮」乩童，以信眾有死劫為由，要求信徒捐款增加「福德」、捐建廟以求改運。女信徒的丈夫，因車禍而下半身癱瘓，被誆要捐錢添壽，雙腳才能復原，捐了3百多萬元，卻不久死亡。

2009年，北市有人自認「卡到陰⁵」，找上自稱具有法力的神棍，按其要求脫衣褲接受「淨身驅邪」；接著，神棍騙「妳不跟我嘿咻，神明會生氣」。2012年，風水師誆稱女子的髮毛、腳毛、陰毛「三毛」作法，並與他做愛就能救父母。2013年，有被害人之母找靈異節目命理師，到家裡為長女解陰煞，解符加上解毒收18萬元；又說小女遭下符，卡到死符，需「交配解毒」，否則會暴斃。

2012年，中部某大學社團外聘師王男，對9名女大生，10年性侵近700次，宣稱「神要妳與我在一起。在天上妳是我的肋骨」；「妳是我上一輩子的老婆，必須與我交往，否則以後會遇到壞男人，家人也會遭到不幸」；「我是神、聖靈，只要與我發生性關係，就可以拯救妳及家人。如果不相信，妳父母會死亡下地獄」。在警局，王男否認性侵，辯稱部分女子「為了在上天的位置，才與他發生性行為」。

基督教聖潔會唐牧師，因性侵而被判刑。後創門徒教會，又因性侵入獄。唐牧師的門徒教會，吸收國、高中學生入會，特別是家庭不和、單親家庭或曾受性侵害的年輕女學生，進行「性輔導」。

---

⁵ 2013年，某立委宣稱國內紛擾多，因總統府卡到陰，陰風陣陣，應中元普渡。

先要求信徒填具約定，要求完全服從牧師及保密。他以「要順服神，而神在世間的代表是牧師，所以要順服牧師」做為性侵的藉口。這些徬徨無依的女生，尋求心靈的慰安、生命的託寄，但唐牧師以宗教的幌子，以洗腦卸去孩子的心防，導致被害人誤認性侵的「正當性」。

> 宗教制約利用無形的心裡控制，如果冠上宗教的神聖光環，會使得許多非理性合理化。其次，宗教裡的順服常使得控制更為順利，有心人就利用此信任關係為所欲為、予取予求。
> ──紀惠容，勵馨基金會執行長
> 〈談宗教界的性侵害〉

泰國「白龍王」號稱「活神仙」。有台灣美女來問命，他說她曾失去2個孩子，「今天人太多，改天妳自己來，我幫妳檢查一下（指性器官）」。若他說對了，該女子可能會單獨前去「檢查」，只是他沒說對，因她未婚也未懷孕過。另外，2013年8月17日，尋問命運團領隊說，豔陽高照的天空，居然出現彩虹，天有異象，必有事發生，隨即傳來白龍王過世消息，那道彩虹就是接白龍王上天。這和《聖經》說神用彩虹與諾亞約定，同為仗賴民眾無知而詐欺。

今天心理學即可解釋古來宗教「駕馭」人心的祕密，例如，利用無知和罪惡感等讓人就範。教宗、廟祝等所有神職者，午夜夢迴時[6]，不會良心發現，拋棄宗教外套，還給大家精神自由？演戲這麼久，不覺得累嗎？

---

[6] 2007年8月23日，《時代》雜誌有文〈德蕾莎修女的信仰危機〉提到，1979年12月，她領取諾貝爾和平獎後演講：「神死在十字架上後，一直飢餓、裸身、無家……即將到臨的聖誕節提醒世界，充滿歡樂是真的，因耶

六字真言

孫悟空大鬧天宮，被如來佛祖壓於五指山下，山上貼有「唵嘛呢叭咪吽[7]」六字真言。5百年後，唐僧西天取經，路過五指山，揭去符咒，才救出他。

2010年，台灣郭男結識迷信鬼神的女保險業務員，向被害人謊稱是其「前世的老婆」，且她身體內有女鬼須驅魔，須用手指插入被害人下體，才能「把鬼捉出來」改運，被害人信以為真，郭男作法時嘴念「唵嘛呢叭咪吽」。

唵嘛呢叭咪吽又名六字真言、六字大明咒。拗口難解，但臣服者眾。依佛教傳統，其深奧祕密，非我輩凡夫所能理解，因此主張用原語音譯，念誦即可得功效。為何這6字管用？只因信者「認為」有神效，而非真有效。六字真言只是文字與信念，方便教化或洗腦，但「神化」為具有超自然能力，正是宗教演化的例子。

贊成宗教者，見其「勸人為善」的一面；但不幸的，神棍騙徒假借神鬼名號而作威作福者多；傳教者應負部分詐騙責任？若每人認為真言有效，則社會安寧；若無人當一回事，社會也不致於有騙局；但若只有信徒臣服，則騙子趁機得逞。若真有神明保佑，為何縱容假借佛號行惡？

蘇存在各處。」但就在3個月前的1979年9月，她寫信給神父Michael van der Peet，儘管她一直祈禱，但從無耶穌的回應，「耶穌特別愛你，但對我，巨大的寂靜與空虛，我無法聽聞到祂。」

[7] 信徒各有解釋，例如，唵是身體、嘛呢是蓮花、叭咪是保持、吽是意。亦即，保持身心像蓮花一樣。因蓮花出污泥而不染。

「燒王船」迷信：浪費且不環保

民間傳說有善行懿德的人在殉難後，由玉皇大帝冊封為神「欽差」，巡狩人間，稱作「王爺」。

前人以為瘟疫的流行就是瘟神作祟，瘟神的老家是在海上飄渺的島上。「燒王船」就是為了送瘟神。閩台沿海民眾普遍信仰王爺，每隔三五年要定期「送瘟神」，請王爺捉拿暗藏各個角落的「瘟鬼」，收進「鎮妖桶」中，然後製作大型王船，放置於江河湖海之濱，將王爺及其隨從兵將的塑像、各種生活用品、祭品和鎮妖桶裝上紙船，然後點火燒化，讓它隨波逐流而去，表示已將瘟神送回老家，瘟疫、災難亦隨之遠離，取得平安，不會再出來搗亂。

雲林縣麥寮鎮安宮，舉行5年一度的「王船祭」，一把火燒掉價值3百萬元的王船和滿船祭品外，還有活生生的60隻雞鴨。廟祝表示，祭品用活體雞鴨，是依王爺降駕指示辦理。保護動物協會表示，這種行為已違反《動物保護法》，可處1至5萬元罰款。台南關廟山西宮舉行建醮大典時，在王船上放2隻活雞，有信徒說為讓牠們早登仙境。則信徒自己願意早登仙境嗎？

王爺怎麼降駕指示？例如，請示王爺幾點開始遊境？「擲筊」請示：「10點可以嗎？」若無陰陽面，表示王爺不答應，再請示：「10點10分可以嗎？」一直問下去。依機率，將有一半的機會，王爺會同意；這就是「王爺降駕指示」。神旨其實只是廟祝提問「二選一」，只要操縱問題，就易「神明應允」，可師出有名地執行人的意旨。

彼可取而代之

1545年，天主教傳教士聖方濟（St. Francis Xavier，1506～1552），從印度寫信：「在1個月內，我付洗的人超過1萬。方法是，我要他們公開為自己過去的生活請求天主寬恕……交給每人一個聖名……領洗後，我吩咐他們把廟宇和偶像全都摧毀。」

歐洲人找到美洲後，損毀當地許多文物，例如，16世紀，有個西班牙神父，為彰顯其宗教，將馬雅文件寶庫燒毀。

台南巴克禮牧師曾責備年輕信徒「右生」，因為他在眾人面前作見證說他信主之前是個非常壞的青年，改宗後從罪惡中得到拯救。巴克禮問他：「我給你施洗時，你只是個小孩，施洗前，你所過的生活循規蹈矩，怎可能像你見證的那樣？」右生笑說：「巴牧師，你說的不錯，但我向這些未信主的人作見證，必須編個比較容易吸引人的故事，這樣他們才可以明白，福音能給人帶來何等的改變。」

——王政文，東海大學歷史教授
〈改宗所引起的家庭與人際衝突〉

台灣宗教不具排他性，信徒不區分儒、釋、道。但當唯一真神的基督教傳入台灣時，民眾才知「蕃仔教不拜祖先」，產生排斥感。改宗的基督徒常遭家人反對，新信仰意味著與祭祖傳統決裂，因基督教說祭祖是崇拜偶像。家中有人成基督徒，即分裂為「信的主內弟兄姊妹」、「不信的外邦人」。台灣牧師只能勸人孝順父

母，但更要服從神旨，不膜拜祖先。信徒決心成為基督徒後，公開摧毀祖先牌位與神明畫像。

為了破除舊有的巫術信仰，台東的吳博滿神父（Enrst Uebelmann）帶領著信徒，挨家挨戶把信徒家中巫術的設施移除，許多女巫還把做法用的法器主動交給吳神父。從此，天主教的信仰取代了魯凱族的原始信仰。

——王文賓，1999年

天主教台東聖女小德蘭堂40週年

▼約西元前670年，馬雅灰泥浮雕。
圖片來源：維基百科

信仰不同而致家庭悲劇

　　達爾文生於宗教家庭，後來逐漸對基督教反感，但總是尊重妻子的信仰。夫妻相愛，但兩人均為不相容的宗教歧見所苦。長女安妮早死，更激化他反對基督教，與妻子間的宗教裂痕更深。達爾文的長年病痛，似乎來自他與妻子之間的宗教歧見，造成身心失調。達爾文稱妻子來函為「美麗的信」，在信封上寫著「待我死時，盼妳知道我曾親吻這封信，並在上面哭過多少回」。

　　神說：「不可與外邦人結親。不可將你的女兒嫁他們的兒子，也不可叫你的兒子娶他們的女兒」；「你們和不信的原不相配，不要同負一軛。義和不義有甚麼相交呢？光明和黑暗有甚麼相通呢？」信與不信的結親後果：（1）不信的配偶會影響基督徒遠離神，「離棄神的命令」。（2）不信的配偶會影響基督徒犯罪，「轉離不跟從主，去事奉別神」。（3）由於各方面的價值觀都有衝突，因此婚姻和家庭的各方面都會產生困難，甚至是危害。《聖經》形容這些困難和危害就像是「網羅、機檻、肋上的鞭、眼中的刺」。（4）下一代子女也變得不敬畏神，甚至不認識神。對於下一代的子女，他們說話、做事都會像非基督徒。

　　有牧師為文〈單身基督徒選對象的原則：信與不信的不要同負一軛〉指出，不敬畏神的後果就是沒有真理、沒有聖潔、沒有幸福。非基督徒犯罪的價值觀：淫亂是好玩的、婚約不過是一張紙。對於這些事情，神都看在眼裡，若基督徒接受了、隨從了，接著就是墮落、犯罪、得罪神、遠離神，而結果就是神公義和忿怒的審判！只要交往對象是非基督徒，他必定有許多價值觀是違背《聖經》的。

夫妻不同信仰會導致「孩子信仰誰的宗教」麻煩。例如，在美國，福音派新教與非福音派結合的婚姻約有半數離婚。

宗教障礙不利尋偶

全世界這麼多宗教，各自豎立莫須有的障礙，使得適婚男女更難找到配偶，全能與慈愛的神到底怎麼啦？只因不是基督徒，諸如「不語怪力亂神」的孔子，會被晚生5百年的耶穌評定為「不適合結婚」者？神創造的天災人禍不夠多嗎？

2006年，香港「婦女基督徒協會」調查發現，6成受訪女基督徒認為配偶必須是基督徒。香港本已女多男少，教會內的男女比例相差更多，要堅守「教導」，看來有不少女教徒都要獨身了！有些女教徒跟非教徒戀愛或結婚，均自認做了神不喜悅的事。

2006年，台灣有家庭本融洽，但妻子信基督教後依《聖經》的教導，常灌輸家人「信耶穌得永生」、「崇拜偶像是違背神的旨意」等道理，並強迫先生一同信教。丈夫不願配合，妻認為丈夫被惡魔附身，就常根據《聖經》的教導大喊：「奉主耶穌的名義，把你身上的鬼趕出去！」要為其驅魔，讓丈夫忍受不了離家出走。

神為何要說：「人到我這裡來，若不恨自己的父親、母親、妻子、兒女、弟兄、姊妹，甚至自己的魂生命，就不能作我的門徒」（路14:26）？

小孩尚缺辨識力，鬼神不宜

某天主教傳教士說：「讓我養育小孩到7歲，我就可塑造他成為某一種人。」從小培訓而歷史最悠久的，是基督教的主日學；台灣各教派已學到其竅門，舉辦的活動營隊均「老少咸宜」。但兒童尚缺辨識能力，自幼接受鬼神觀，適當嗎？

我自幼小就很怕死。記得信仰淨土宗的母親，時常提到佛教
地獄的可怕鏡頭，描述業障深重的凡夫，死後如何經過閻羅
王的審判，而入地獄捱受種種難忍的苦痛。每每聽到這些，
年幼無知的我就開始害怕起來，到了深夜常作惡夢，一批魔
鬼在樓閣走廊追趕著我，發現走投無路之時，夢就醒了。

——傅偉勳，美國宗教學教授
《死亡的尊嚴與生命的尊嚴》

　　傳教者「虐待」兒童嗎？因以恐怖的地獄景象，威嚇永恆的詛
咒；譴責手淫等正常健康的性認知，導致誤解與罪惡感；灌輸特定
的宗教信仰，從而剝奪孩子長大成熟後自由探尋的機會。

　　2006年，有父母皈依桃園「寧瑪巴白玉顯密金剛法輪學會」，
聽信喇嘛說「小兒弟屬虎會剋父母」、「貝諾法王說孩子有佛
緣」，將兩兒子送往尼泊爾剃度出家。台灣人本基金會反對：「不
是父母就能決定孩子的信仰。」

　　2007年，美國有書《嬉皮與喇嘛的孩子》（Comes the Peace）
描述，達加（Daja Meston，1970～2010）的父母是一對追求性靈的
的嬉皮，為了追求性靈，流浪到尼泊爾。不久，母親出家為尼，
父親發瘋，2歲的他由一西藏家庭撫養，6歲時就被安排到喇嘛寺出
家。金髮的他，被當成異類，受盡欺凌，而在佛法裡也找不到自己
的人生。後來他還俗回到美國，卻無家可歸。十幾年後，遭遇被囚
禁與自殺等一連串意外後，面對生命最大的困惑：我是誰？我的家
在哪裡？

光明燈就像贖罪券

　　民俗認為，光明燈來自佛教的「燃燈表佛」，而燈有「光明」
涵意，台語又與「丁」同音，隱含「添丁」，因此，點光明燈是求
心安、添丁。逐漸地，衍生出多種光明燈，例如，文昌燈、事業光
明燈、闔家光明燈、發財燈等，均為台灣廟宇的重要收入。台灣哪
缺創意人才？神的名義真管用。

　　台北龍山寺2013年1月6日開放點光明燈，但在2012年12月7日就
已有1,700人排隊，使用椅子占位，整整繞寺3圈。甚至出現「排隊
黃牛」，以1,500～2,000元代價代人排隊。龍山寺提供光明燈、平安
燈、財神燈、藥師燈4種；大燈2千元、小燈6百元（民眾搶大燈，
認為燈大才有效）。龍山寺「黃牛」號碼牌最高可賣到25,000元。

　　寺廟點光明燈收費依位置出現價差，因愈接近神明處，收費愈
高。在信徒爭搶的發財項目，則區分「財神燈、財神斗」等名目，
而有價差。鹿港天后宮的「財運亨通斗燈」，小斗一燈8,000元，
放在斗母前，拜斗廳兩側；中斗一盞2萬元，只有8個，放在斗母兩
旁（同一平台）；最貴的「斗首」，35萬元起，因非常神聖而「須
獲聖母同意」（擲筊）。鹿港鎮公所管理的文武廟，則有抗漲專
區，每盞3百元，說是神明慈悲，看心意，不論錢多寡。總之，賺
錢有術，戲法多變。

　　因為點燈者多，廟祝還要向台電要求增加配電。宣稱要節能減
碳的彰化天后宮，則提供網路點燈服務。

　　贖罪券或稱赦罪券，是中世紀天主教籌集捐款的工具，天主教
宣稱購買贖罪券能獲赦免原罪得上天堂。1300年，教宗博義八世宣

▼鹿港天后宮的光明燈、教宗簽署與販售贖罪券。圖片來源:維基百科Flora

佈該年為禧年,凡到羅馬朝聖的信徒可將免除受洗以後所犯的罪。其後,教會宣告凡未能親身到羅馬朝聖者,可用金錢代替。1476年,教宗西克斯特四世宣布,生前行為不端者死後要先入煉獄,生者應為他們購買贖罪券以減輕痛苦。

真虧教徒想得出這些斂財花招,以光明燈與贖罪券哄騙信徒,古今中外相互輝映。萬能神居然袖手旁觀凡人糟蹋神名?

另類發財之道

中國古代占星術,虛擬一顆與歲星(木星)相反運行的太歲星。但歲星的運行有誤差,造成占星術不準確。為了避免誤差,戰國時代占星家們虛擬太歲星。設想旋轉方向與五大行星一樣,方便用太歲紀年,也12年繞天一圈,不會產生誤差。後來,演變成神祇信仰,避太歲的信仰則是從避歲星的占星術中分化而出。

因害怕太歲降禍，屬該生肖者，於當年祭拜太歲神，以祈福消災，稱為「安太歲」。不安太歲的，則點光明燈。唐宋之前不認為太歲是凶神，而是類似灶神地位，唐宋後才慢慢演變為凶神，例如，「太歲當頭，無災恐有禍」。

早期安太歲，多於春節時，以紅黃紙敬撰「本年太歲星君到此」、「一心敬奉太歲星君」，貼在家中，晨昏焚香禮禱。年底時，焚化「送神上天」。後來演變出各種太歲符咒、牌位、神像。約從1995年起，台灣各地寺廟開始流行為信徒安太歲，到處有收取香火錢，幫人安太歲的寺廟，此斂財的「共犯」包括廟祝、媒體、民俗專家。

首倡供養嬰靈的苗栗后厝龍鳳宮，增設祈福「平安鐘」，敲3響就可求事業生意大順利、功名學業增智慧。敲鐘費用100元。

前教育部長曾志朗是心理學家，曾經多次作實驗，以驗證是否「安太歲」有效？結論是「沖不沖太歲，對這些人該年的不幸指數並沒有造成任何影響」。

信徒竭盡心思討好鬼神，包括安太歲、點光明燈、敲鐘。這般五體投地，是否更長壽與幸福了？或會辯說，若沒祭拜則已慘兮兮？亦即，總有最服貼鬼神的詮釋。

近年來，托文創與民俗美名，天燈大為流行。天燈冉冉升空，暈黃光影加上祈福文字，頗具傳神遐思效果。但天燈會引發火災，天燈殘骸污染環境，甚至

▼天燈上面通常寫滿了祈福的字句。
圖片來源：維基百科Richy

傷及野生動物。又可影響飛航與駕駛安全，也威脅彈藥庫、可燃油氣槽、化學工廠、住宅區。例如，2010年，高速公路上某駕駛，突見寫著「闔家平安」的天燈，閃撞擋風玻璃，嚇得半死。

寵物也要安太歲

為拓展收入，部分寺廟看準寵物市場，為寵物安太歲、點燈。彰化清水岩寺安太歲3百元、點光明燈6百元，與人相同，因寵物在主人心目中地位高，若費用不同，會引發抗議。朝天宮說，動物和人一樣是生命，不應有歧視或區別。

若受質疑寵物沒有生肖八字怎麼安太歲？沒問題啦，只要寵物的出生年。流浪狗呢？只要登記為「吉時」，效果相同。屏東科大野生動物保育所長說，神明有好生之德，飼主為寵物安太歲，請神明庇佑「有何不可」？

但有信徒質疑「我的太歲為什麼與動物放在一起？」因此，屏東慈鳳宮董事會決議不接受寵物安太歲，以免困擾。大甲鎮瀾宮表示，安太歲需要正確的農曆出生時間，寵物很難確定出生時辰，如何安太歲？民俗認為，為寵物安太歲屬「陰廟」行為，鎮瀾宮是正派大廟，不可能做這種事。但若民眾將寵物名字擬人化，寫進安太歲的家人名單，廟方不知情也不便拒絕。靜宜大學台文系林教授表示，動物沒有「太歲」，何來「沖太歲」、「安太歲」？但現在將寵物擬人化已成風潮，「只要高興、沒有什麼不可以的」。

農曆7月普度孤魂野鬼，民俗專家推波助瀾，宣稱適合為往生寵物寶貝普度，也可準備人吃的食物，以期待牠投胎為人；寵物殯葬包括靈骨塔、網路靈堂；替往生的寶貝普度，能幫寵物早日超脫。業者提供牌位、蓮花、殊文、光明燈等，約1000元。2013年，店家「先知寵物國際團隊」，宣稱能與寵物心靈相通，例如，某狗

正在海神那邊當奴隸，要花錢才能解救靈魂，又賣「天堂官位」，花5萬元能讓寵物在天堂當上將。為讓寵物如願轉世當大象，包紅包買「南天門」門票。

科學界也已淪陷：中元普度時，「實驗動物學會」燒紙錢祭祀，希望老鼠等「好兄弟」享用。台大牛農學院院長說，各系以獸醫系祭拜比較隆重，會請法師或寫祭文，並在實驗室播放經文錄音。

神已看到我的准考證？

每逢考試，廟宇文昌君座前的准考證堆積如山，祭拜的用語是：「文昌帝君在上，信男／女×××，因參加AA考試，在準備過程中，發憤向上，但擔心準備沒別人充分，今準備准考證乙份，懇請文昌帝君，大發慈悲，助信男／女×××，順利取得功名。」普遍說法是，有文昌君加持，考生在考場上如虎添翼。祈求文昌帝君的祭品是，鳳梨意味著旺旺來、蔥意味著聰明等。祭拜後，貢品帶回家烹煮，因「貢品吃下肚，考試Very Good」，吃完這些文昌帝君加持過的食物，才能讓考生達到神人合一的境界，終能金榜題名、光耀門楣。

這些鬧劇居然一再上演，似乎國人一遇到宗教神祇，就繳械投降。當然，神棍生財有術，搬出各種戲碼陶醉焦慮的考生與父母，更是關鍵。

算命術：裝神弄鬼

俗說「一命二運三風水」，為何相信命運與風水？冥冥中，背後有神力運作嗎？就如古代中國「天人感應」說辭。

算命術包括八字、紫微斗數、鐵板神算、面相、手相、摸骨、風水、占星、塔羅牌等，風行於報章雜誌、電視、網路等電子媒體，影響力之大，難於估計。諸如風水與姓名等，會影響福禍又能「改運」，最受歡迎。

算命者為「冷讀法」（cold reading）專家，可以從人的肢體語言、衣著、髮型、性別、性傾向、宗教信仰、膚色或種族、教育程度、語法方式、從哪裡來等，細心分析而可獲得大量資訊。先用高可能性問題探測，快速地從對方的反應，研判猜測是否正確。用語模稜兩可，號稱「大師、上人、仙」，大談詰屈聱牙算命術語，摻雜一些近代科技名詞，加上道德教條等，使許多無知、徬徨、落寞者受操縱擺佈而不自知。

算命者可以天花亂墜：算命風水者批台北市治安差、破案率低，因警察局外觀有問題，於是警局把走道改成半圓形；又說門前旗桿是大凶格局，局長只好買尊關公像來鎮壓；結果，治安也沒改善。

如果說李遠哲、王永慶、美國林肯總統的姓名筆劃、八字、骨頭、星座、血型、祖墳風水特佳，實在侮辱他們，其成就來自踏實努力。適婚與否不談個性、互相尊重，而看八字、是否差3歲或6歲，均荒謬之至。

清代的李汝珍在《鏡花緣》曾言：「況善風水之人，豈無父母，若有好地，何不留為自用？如果一得美地，即能發達，那通曉

地理的發達曾有幾人？」清代曾國藩不信風水：「自丙午冬葬祖妣
大人於木兜鬥衝之後，我家已添三男丁，我則升閣學，升侍郎，九
弟則進學補廩，其地之吉，已有明效可驗。」亦即，雖然先人下葬
於鬥衝兇位之地，後人仍好運如斯。

　　有算命者表示，缺乏愛、心情不好、運勢不佳、無處發洩的人
才會去算命；算命是一種心理治療，算命會讓人對不如意的事找到
解釋，能接受事實，心理就舒坦了；與祈神拜鬼的心理效應類似。
超自然力給予不幸者慰藉、提供現象的解釋、人生的意義。

占星術：騙局滿天飛

　　耶穌的誕生由天文現象「伯利恆之星」預言過[8]，因此神自己
使用占星術。

> 當希律王的時候，耶穌生在猶太的伯利恆。有幾個占星術士
> 從東方來到耶路撒冷，說：「那生下來作猶太人之王的在哪
> 裡？我們在東方看見他的星，特來拜他。」
>
> ──《聖經》太2:1

　　占星術充斥於各民族文化中，古人認為天體盡是神，決定人類
存亡，因此，要尋找天上徵候跡象，以便探知神旨；多少人遐想金
星（Venus，英文也指「維納斯」女神）可幫助決定愛情和未來的另
一半。可是金星地表如地獄般滾燙（至少462°C），毫無詩意可言。
　　占星術實難以置信：（1）因有12星座，全世界人口的1/12每
天會有相同的運勢嗎？（2）為何是出生（而非受孕）的時刻最重

---

[8] 近代天文學家不支持，當年耶路撒冷上空出現亮星的說辭；只是神話。

要？（3）若占星術士這麼通天，為何自己沒能亨通致富？（4）為何不同占星派別的差異非常大？

占星將個人與整個宇宙聯繫在一起，滿足虛榮「天人合一」之感。另外，占星術士的話可能造成心理暗示，讓人不自覺地採取跟從，而造成預言與實際相符，稱為「自我實現的預言」。

1975年，美國雜誌《人道主義者》，刊登文章〈反對占星術：186位卓越科學家的聲明〉批判占星術，指其偽科學；186人中包括18位諾貝爾得主。

▼占星術主要11個行星符號。圖片來源：維基百科

太阳　水星　金星　月亮

地球　火星　木星　土星

天王星　海王星　　冥王星

魔鬼剋星

　　1920年代，美國魔術師胡迪尼（Harry Houdini，1874～1926），於摯愛的母親過世後，目睹自稱能通靈的靈媒詐騙，開始揭穿其騙局；此行徑啟發之後的魔術師藍迪（James Randi，1928～）追隨。魔術師的專業訓練，讓他們能夠揭發連科學家也無法識破的詐術，包括念力、透視、靈媒等超感官知覺，而為靈異的剋星。藍迪曾在1979年，以兩魔術師，愚弄檢驗超能力的物理學家，凸顯科學家容易受騙，此為有名的「阿爾法計畫」（Project Alpha）。

　　藍迪為無神論者，為文〈為何我拒絕宗教，而為盡力與大聲疾呼的明智者〉指出，宗教經文中許多錯亂說辭，包括童女生子、耶穌所行的神蹟「走在水上、將水變酒、復活」等、摩西分開紅海；亞當和夏娃有兩子，其一子被另一子殺死，然後生了地球上所有人。和《聖經》相比，美國童書《綠野仙踪》[9]更可信，也更有趣。他創立藍迪教育基金會，提出百萬美元給能證明超自然能力者，但至今無人能經得起科學檢驗。

　　人生事宜與環境中，科學仍有未解的幽暗處，而為遐想與超自然說辭的溫床。1976年，美國紐約州立大學哲學教授柯茲（Paul Kurtz，1925～2012）號召同好創建「懷疑查詢委員會」（Committee for Skeptical Inquiry），志在鼓勵以負責的和科學的觀點，嚴謹調查超自然現象與邊緣科學的宣稱，也傳播調查結果資訊

---

[9]　童話故事（The Wonderful Wizard of Oz，1900），描述小女孩桃樂斯（Dorothy）在奧茲（Oz）國和獅子、機器人、稻草人，追尋勇氣、善心和智慧的歷險故事。

給科學界和大眾。委員會成員包括魔術家藍迪、諾貝爾獎得主克理克（Francis Crick）等。

該委員會認定的偽科學，包括能量療法、占星術、過火、巫術、彎曲湯匙的蓋勒[10]（Uri Geller，1946～）、另類醫療、通靈、瀕死經驗、不明飛行物飛碟、順勢療法、信仰療法、輪迴。美國國家科學基金會贊同其立場。

「澳洲懷疑論者」（Australian Skeptics）頒發「彎曲湯匙獎」（Bent Spoon Awards），獎賞最荒謬的超自然或偽科學作為。戲謔地宣佈，獎盃的材料是諾亞方舟船身的歌斐木雕製，上面彎曲的湯匙曾用在耶穌的「最後晚餐」中；週知獲獎者的方式，是通過心靈感應，對方需以超自然方法拿取獎杯。自1982年以來，每年頒發一次，但從未有得獎者能取走該獎盃。

啟蒙、脫離神的桎梏

在柏拉圖著《蘇格拉底的申辯》書中，蘇格拉底因為鼓勵質疑國教之神而被告與處死。西方的無神論源於前蘇格拉底時期的古希臘哲學，但直到啟蒙時代後期才發展成明確的世界觀。

在16～17世紀的宗教改革期間，基督新教徒們把中世紀（約476～1453）描述成天主教腐化墮落的「信仰時代」，相對的是17和18世紀的啟蒙（Enlightenment）時代，又稱為理性（Reason）時代。德國哲學家康德（1724～1804）以「敢於求知」的啟蒙精神，闡述人類的理性能力。邁向真理的道路不是通過神，而是運用人類理

---

[10] 以色列魔術師蓋勒宣稱他「沒接觸而能彎曲湯匙」等超自然力，是外星人給他的，但藍迪評定那只是舞台魔術。1985年，也是業餘魔術師的諾貝爾物理獎得主費曼指出，蓋勒無法在他面前彎曲鑰匙。若蓋勒真有本事，沒接觸而能彎曲金屬，那為何不彎曲以色列敵人阿拉伯的槍管、砲管？

性。啟蒙運動以後的「人文主義」，將歐洲人從神的束縛中解放。

　　兩位啟蒙時代的大師「德國哲學家康德與法國文豪伏爾泰[11]」，均認為中世紀是個受宗教操控、社會衰敗的時期。英國史學家吉朋（Edward Gibbon，1737～1794）在其名著《羅馬帝國興亡史》中，認為中世紀是「垃圾的黑暗時代」。美國耶魯大學歷史學家蓋伊（Peter Gay）認為，啟蒙時代打破「神環」（sacred circle），因宗教教條掐死批判思考。

　　啟蒙時代的科學發展由科學協會及科學院所主導，取代當時仍以神學院為主的大學，成為啟蒙時代科研中心。發行的科學期刊，有助於扭轉宗教書物的壟斷局面。

---

[11] 教會迫害異己和搜括財富。此時前往中國傳教的天主教士，介紹世俗而富裕的中國社會、孔孟倫理學，這引起了伏爾泰等啟蒙學者的興趣。

「神旨」全造假

　　愛因斯坦認為《聖經》是幼稚的「傳奇故事」。美國猶太生化學家艾西莫夫認為，《希伯來聖經》起始5部經典《摩西五經》只是希伯來神話。

　　古來多少教徒提出，「神不喜歡這樣或那樣、注射疫苗違反神的規劃」等「神旨」，又說聽到神諭、摩西和神對話等，有何證據？天堂和地獄也是虛構。

> 法國天文學家拉普拉斯（Pierre-Simon Laplace，1749～1827）在其書中描述太陽系的運行，拿破崙翻閱後說：「你解釋行星的運動並沒提到神。」拉普拉斯回答說：「我並不需要這樣的假設。」
>
> ——艾西莫夫

　　信徒提不出鬼神存在的證據，神旨只是造假，假借神名恣意作為，諸如火刑伺候提倡「日心說」者，實在令人髮指。至於近代美國教徒禁止學校教導演化論，而以神授創世論取代，弄得美國國家科學院頭痛不已。

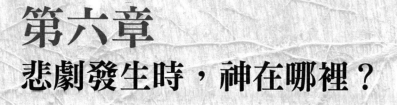

第六章
悲劇發生時，神在哪裡？

神在哪裡？

2015年11月，巴黎遭到恐攻，英國坎特伯雷大主教韋爾比（Justin Welby）在英國廣播公司節目中表示，巴黎發生恐怖攻擊，讓他懷疑上帝是否真的存在，「我一邊走一邊禱告且一邊問『上帝啊，為什麼？為什麼會發生這樣的事情？你在哪兒呢？』我懷疑他的存在。」類似地，2000年7月，巴黎發生空難，法航協和號上113人全部罹難，有牧師哀嘆：「神啊，您到底在哪裡呢？」

2009年，台灣遭逢八八水災（莫拉克風災），多處山崩與土石流。基督教界發起88小時連鎖祈禱，呼求天上的「爸爸（八八）」，垂憐八八水災災民，結果，近400人遭土石活埋、全國近700人死亡。2014年，復興航空空難死傷慘重，教宗方濟各發唁電：「獲悉馬公機場附近空難的消息後，深感悲痛」，並「為所有受影響的人呼求天主的安慰、力量與平安」，梵諦岡電台並報導稱，這次空難是在麥德姆颱風侵襲台灣時造成。但萬能的神何在？為何「創造颱風殺人」或「已知悉颱風而不阻擋」？為何神的代言人也和常人一樣只能事後哀悼？

79年，義大利龐貝城被火山灰覆蓋，約2萬人遭活埋；全知神怎沒預警，遑論相救？1845年起7年間，愛爾蘭大飢荒而死亡約百萬人，因其主食馬鈴薯腐爛欠收，教宗庇護九世[1]（1792～1878）束手無策，枉費其為全能神在人間代表的威力；倒是近代科學，已找出病因「馬鈴薯晚疫病」，並已研發出抗病品種。

---

[1] 他召開第一次梵蒂岡大公會議，確立「教宗永無繆誤」。不幸地，教廷國於1870年被義大利攻陷，教宗被稱為「教廷的俘虜」。他遭受面部丹毒之苦；1878年，死於癲癇發作心臟病，當時他正率員說念珠祈禱。

世界上最具影響力的宗教是亞伯拉罕教，但看其源頭猶太人，受到神的護佑嗎？國破家亡、聖殿被毀、流散各地，20世紀才建國，但強敵環伺，每年死傷累累。為何世人還相信猶太神耶和華是唯一的全能神？

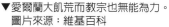

▼愛爾蘭大飢荒而教宗也無能為力。
圖片來源：維基百科

慘絕人寰的人間悲劇

2010年，遭變態色魔綁架囚禁8年，奧地利女童坎普瑟（Natascha Kampusch，當年十歲），在回憶錄《三〇六九天》中，公開自己身心飽受虐待的過程。她經常遭到毆打，以致於一看到他變臉，她就先猛打自己耳光。從14歲起，她便開始遭到性侵。

> 世界上有許多邪惡和痛苦，這就一直困擾那些相信有個仁慈的、無所不能的神。於是，教徒推出「因為神賦予人自由意志」。說我的親戚們在集中營被謀殺，是因為「納粹有自由意志」。難道也要為癌症與唐氏症的病原辯護，說它們有自由意志？
>
> ——溫伯格

全球每年許多人悲慘死亡，例如，阿富汗嬰兒死亡率約五分之一，又如第二次世界大戰約6到7千萬人死亡；為何神只是袖手旁觀？

2012年，新北市某婦人因宗教信仰，讓自稱是婦人前世兒子的李男住進家裡，經常假藉改運、醫病為由，身著道士服裝，使用道具在家中作法，還數度以興建精舍及作法等理由，要求婦人奉獻金錢。李男還自稱神明附體，為婦人的兩女兒治病，其實性侵。

2012年，美國國務院公布「年度人口販運報告」，指出全球有2,700萬人淪奴，被迫賣春或勞動。2013年，3位俄亥俄州美國被綁架10年的女孩，被鏈鎖在地下室，過著慘絕人寰的日子，終由警察救出。3女透過You Tube感謝各界為她們祈禱「從地獄返回人

間」。有人在囚禁處附近張貼「感謝神，已獲自由」；全知全能神袖手旁觀10年，為何獲警救出要謝神？

烏龍獵巫

《聖經》說，神宣稱「行邪術的女人，不可容她存活」（出22:18）；悲劇由此展開，因巫士被魔鬼誘惑。

12到16世紀是獵巫最高峰。源自對未知的恐懼、以巫者為代罪羔羊，導致獵殺女巫，連法國女英雄聖女貞德也曾被誣為女巫。初時，男巫和女巫同遭指控；1485年，獵巫手冊《女巫之槌》（Malleus Maleficarum）面世後，歐洲把獵巫的矛頭指向女性。一開始獵巫都是用吊刑，但因屍體會變成吸血鬼，所以後來就使用火刑，以為可絕後患。《女巫之槌》寫道：「若被告過著不道德的生

▼美國麻州塞勒姆審巫案。圖片來源：維基百科

活，當然證明她同魔鬼來往；若她虔誠而舉止端莊，則顯然是偽裝。若受審時害怕，那她顯然有罪；若她自認無辜而鎮靜，則她慣於恬不知恥地撒謊而無疑是有罪。」其實，絕大多數被處死的「女巫」只是無辜的女性。

從1480到1750年，判決巫士約5萬件死刑。也許最令人髮指的是，教宗英諾森三世宣布卡特里教派（Cathari，基督教派別，主要分布在法國南部，教徒數約百萬）信徒為巫士，1209年，他發起十字軍武力鎮壓，經歷20年，包括老幼婦孺等卡特里教派者全被滅除。為何神沒阻止其代言人的罪行？

1692年，美國麻州塞勒姆（Salem），某牧師的女兒突得怪病，接著，與她來往的7個女孩相繼出現同樣的症狀。現代科學知道，病因是寄生於黑麥的真菌「麥角菌」，但當時人們普遍認為，肇因是村裡的黑女奴、女乞丐、不去教堂的老婦人。當地對這3女人嚴刑逼供，後來，「女巫」和「巫師」的人數一直增加，共二十多人死亡、兩百多人被逮捕或監禁。

蒙主寵召

追悼會中，致詞者說神滿懷恩典，孩子們離開塵世乃是回到永恆的家，那裡不再有死亡、痛苦、眼淚，父母有一天要到那裡與他們重聚。

如果死亡是救恩（salvation），出生則為受苦嗎？為何死亡是「蒙主寵召」、永回主懷、早回天國？死亡是寵幸嗎？既然神早點帶他離開塵世，到天國享福，那何必到人間受苦？

全愛的神為何讓無辜稚子死於非命？神創造魔鬼與病源嗎？諸如「回到神身邊或永恆的家」，這些安慰生存者的話只是宗教藉口，若是，則何必生而為人？若大家可在美好的天堂相聚，何必在塵世受傷亡折騰？這些說詞毫無證據。

也許更值得深思的問題是，全知全能的神為何創造萬物，而隨便創造災難毀滅其創造物？

若說科學或哲學等無法回答死亡的問題，而宗教成為唯一的慰藉，則宗教也只是「自欺欺人」，頂多是「安慰劑效應」。

類似地，凡遇難眾生誦念觀世音菩薩名號，菩薩即時觀其音聲前往拯救；那為何世上有這麼多苦難？見死不救？不喊其名號就不救？喊了沒聽見而無法相救？

神無力保護子民

1507年起，西班牙軍隊入侵中南美，而引入天花；逐漸地，摧毀阿茲特克人、馬雅人、印加人。諸如羽蛇神與太陽神等當地神祇，完全無力護佑子民。

在另一方面,印第安人口銳減的情況,被入侵的歐洲人視為神的旨意,則印第安的神旨呢?美國麻州首任州長偉恩斯洛(John Winthrop)記述:「原住民幾乎全死於天花,因此,神已騰出我們擁有的頭銜。」類似地,清教徒牧師馬赫(Increase Mather)後來說:「印第安人開始為他們賣給英國人土地的界線吵起來,但是神送給印地安人天花而結束爭執。」但美國也遭殃,例如,波士頓在1636和1698年間,遭受5次的天花大流行,則怎不說是神旨?

1900年前後,中國義和拳興起,提出「仇教仇洋」的口號,弄得2百多外國傳教士與2萬多名華人基督徒死亡。拳民宣稱其萬能神護佑而刀槍不入、水火不傷,但在八國聯軍的船堅砲利下,死傷慘重。

2013年,服務於基督教「撒瑪麗亞救援會」,美國醫生布蘭特利(Kent Brantly),受感召而到非洲賴比瑞亞,他在教會證道說:「在我決定接受醫學教育後,神引領我行動,在困頓而想放棄的時刻,自我猶豫是否做了正確的決定,我就提醒自己,神帶領我而有今天;在我遐想未來時,內心充滿喜悅,因神呼喚我。因其呼喚,我要前往非洲。」但在2014年中,診斷出受伊波拉(Ebola)感染,可能導致伊波拉病毒出血熱[2],其死亡率高達9成,因此,送回美國就診,卻引起一些害怕受感染的民眾抗議,因該病無藥可救。教會則謝神讓他生還回美,但為何神讓他得病?賴比瑞亞總統呼籲國民禁食3天,祈求上蒼大發慈悲,控制疫情。

神無力抵擋自己創造的病源或子彈等天災人禍,不論哪一神祇均然。

---

[2]　伊波拉病毒出血熱症狀包括高燒、器官衰竭、出血。自1976年首度爆發以來,死亡率約6到9成。1992年,日本奧姆真理教領袖麻原彰晃曾赴薩伊,要拿此病毒當屠殺工具,但未果。1995年電影《危機總動員》(Outbreak)描述,此病毒在美國小鎮爆發大量死亡的故事。

神的「月經」知識

《聖經》說，「若一個女人被發現流出經血，她將被隔離7天；如果有人碰觸了她，那麼此人就會沾上不潔之氣，並且一直到她也流出經血為止……人若與行經的婦人交媾，婦人雖行經也順從他，這2人必在死中滅絕。」神這麼怕月經，又醜化它？聖母瑪麗亞或佛祖之母，曾遭受神這般屈辱嗎？

古人不解科學，看到生理期女性會有暈吐、疼痛等生理不適，又不解經血從何而來，以為不祥，失血會死去，因此，女人流經血就被視為詛咒，而帶詛咒的血就不潔。現代科學已知，女性生理備妥受孕環境，若無懷孕，子宮內膜會崩解形成月經。豈不枉費信徒給神的「全知全能全善」意義？

但基督教徒認為，月經是經由夏娃的罪行而施加在女人身上的天罰，則也天罰聖母瑪麗亞嗎？經血是女人受神處罰所流下的血，也帶著人們的罪惡，所以認為經血是不潔的。猶太教規定，女子月經來後12天內不准性交，否則處死。《古蘭經》（黃牛章2:222）：「月經是有害的，故在經期中你們應當離開妻子。」。

佛教認為經血污染，會阻礙人與神的聯繫，經期婦女禁入廟宇或祭祀。中國民俗認為女性在月經期間不應到寺廟參拜，否則對神明不敬。也認為經期中的女性與男子性交會對該男子不利，稱為「撞紅」。

生命的神聖性

　　2010年，美國加州11歲少女渡卡（Jaycee Dugard）被綁架18年，姦生2孩。2013年，高雄獸父自女兒15歲起，亂倫[3]性侵10年435次，害女兒產下1子1女。

　　台灣有女「愛滋病患、毒蟲（磕禁藥）者、流民、高齡者」一直生小孩[4]，使得社工人員疲於奔命地應付醫療檢驗、分送領養等。教會宣稱，受孕時，神賜予靈魂，則全知全能神不但沒阻止強姦和亂倫，還樂於配送靈魂嗎？諸如唐氏症與連體嬰[5]等殘障幼嬰，也是神送來世間受病痛折騰的？現代產科醫生出現之前，母體內約百分之五是死嬰、一成嬰兒出生後即夭折；何其殘忍的現實。總之，神為何不尊重生命？

　　我們應當尊重生命，且盡力保護生命；但同時地，因為生命是自然現象，也值得思考生命神聖意義的程度。

　　至於墮胎，西元629年，基督宗教在君士坦堡會議決議，墮胎等同殺人。直到現在，天主教教會堅決反對墮胎。但猶太教根據他們的《猶太聖法》（Halakha），胎兒在頭部或身體的大部分未離母體前，非獨立的個體，因而墮胎並非謀殺。佛教視墮胎同等於殺人，反對以墮胎作為節育的手段。

---

[3]　內政部統計，台灣直係血親亂倫性侵案從2008年728件增為2012年1052件，而據警察大學研究顯示，台灣亂倫性侵案的實際數約為統計資料的15倍。

[4]　類似地，流浪貓狗猛生後代，導致互咬與傷人、環境污染。

[5]　連體雙胞胎發生在同卵雙胞胎的受精卵上，因為受精卵在第12天到14天不完全分裂，發生幾率大約是20萬分之一。連體雙胞胎最早被看作是妖魔的化身和不祥的徵兆。

　　1968年，教宗保羅六世指出，避孕違背生命創造神的意志，因此，使用神聖的禮物「性交」，卻以「避孕」[6]剝奪其意義和目的，就等同違反人的本性，因此，違背神與其神聖意志。教廷反對使用保險套。德蕾莎修女在接受諾貝爾和平獎時的演講提出「對和平的最大破壞者是墮胎」，又說「墮胎和避孕等同於謀殺」。

　　墮胎傷母身，自然流產亦然。人有權自行決定懷孕或墮胎嗎？各國干涉墮胎，主要來自宗教「生命神聖」思維。若神真要干涉，則在性愛前就要干預。有些墮胎是無奈的，諸如，強姦懷孕、嚴重遺傳疾病、保護母親生命，全知神為何沒先護佑，而弄出「無奈胎兒」？

　　至於人命的「價格」，2004年，美國政府估算人命值6百萬美元，此為其環保署評估飲用水污染（砷）而算得；但其運輸部根據車禍與整修道路成本，卻估得人命值3百萬美元；媒體暗諷「死於車禍比死於喝水（含砷）還不值得」。美國環保署原依照高風險工作薪資和普查，估得人命值6百萬美元，後來參照英國20年來普查結果（70歲以上老年人價值約為年輕人價值的7成），而改為370萬美元。但之前美國入侵阿富汗，誤炸民死，每人只賠200美元。

　　人道醫師史懷哲說：「尊重生命，反對將生命分為有價值和沒價值的，因為評斷生物中什麼是較有價的標準，出自人的生物親疏遠近觀點，誰能確知其他生物有何意義呢？」經濟學家指出，「人命無價」充滿倫理意味，但其他動植物有價，為何人命特別？既然人命珍貴到無價，則不能有絲毫閃失，那麼，吃東西可能哽死，就不可吃東西；在家可能遭地震壓斃，不可在家；總之，不能有人生。諸如車禍之後的索賠，若說生命無價，則保險公司只好關門大

6　神已設定好，男女翻雲覆雨時，就自動注入靈魂到受精卵？若避孕，就被
　　教宗譴責，因其設定遭破壞？亦即，教宗認為，人有能力阻擋神的設定？

吉，員工回家喝西北風，因此，生命無價觀似保護了人的尊嚴，卻誘發人性貪婪、傷及無辜。

思索死刑

在人間，支持死刑者主張「殺人償命，欠債還錢」，賞罰分明，這才公平。另外，「以其人之道，還治其人之身」，讓奪人性命者也親身感受性命被剝奪的痛苦。死刑具有嚇阻效果。因神無法主持公道、保護無辜，死刑實為人間最後一道公義防線。

2012年，有台南失業者割喉殺童，因「殺一兩人不會死刑，可一生吃牢飯」。孩子死亡時驚惶的眼神，仍擋不住其殺意。缺死刑會讓人缺乏對死亡的敬畏，而更顯現人性的惡質？

反對死刑者說，即如DNA科技，仍可能導致冤獄，而生命無法重來。

人間決定無法完美，神為何袖手旁觀，甚至沒預先保護死者？可知無神？今天法治與科學已相當嚴明，誤判的可能性甚低；大多數民眾支持死刑[7]。從這社會辯論可知，演化到近代，大體而言，人性已明示倫理道德能力，神或宗教則無力置詞。

2009年，台大經濟教授熊秉元為文〈生命的比擬〉指出，反對死刑的理由多，但兩軍交戰時，對敵人毋憐憫；剝奪敵人的生命，就是捍衛自己的生命；敵軍常只是正常平凡的小老百姓，彼此無深仇大恨或個人恩怨，相對地，社會內部的敵人，對被害人和家屬造成慘傷，對其他人也是威脅。為什麼可以剝奪社會外在敵人的生命，卻不能剝奪社會內在敵人的生命？

---

[7] 2011年，法務部委託民調顯示，超過85%的民眾認為廢除死刑會傷治安，77%反對廢除死刑。

迷信之國？

　　有人認為，迷信是今日台灣百姓的一大災害，例如，台南仁德水明殿王船，除了鹽、米、油、包子外，廟方也「依神明的指示」，在船上添載了整套全新的家電用品，包括附有門號的大哥大、傳真機、電話、洗衣機、電冰箱、音響、錄影機等全新真品，王船總價400萬元，燒成灰燼。

　　神靠信徒捐獻科技用品，以後不必到廟裡祈拜，因神已有手機、傳真機，隨時拿起手機就對了，神明也被善男信女教導利用科技而邁入新世紀。

　　又如，屏東東港東隆宮，花費7百萬製造王船，堆積如山的金紙高達一層樓，並安置一長串鞭炮，隨後炮聲加火光，7百萬元即成灰燼。還有「送王遊天河」，以108道珍佳餚請千歲爺，謝其代天巡狩的辛勞。這些美食108道菜，若送給孤兒院豈不更美善。

　　2007年，媒體報導，台灣每年從越南等地，進口金銀紙超過3萬噸。某廟祝說，傳統紙錢都有一片金與銀色錫箔，神靈與陰界好兄弟得到「真錢」，但進口紙錢以金與銀漆取代金與銀錫箔，等於是「偽鈔」；結果，神明降旨，指責信眾以偽鈔欺瞞。

　　大年初一，民眾擠滿全台各大廟門前，爭先恐後要在子時衝向香爐，插上今年第一炷香，稱為「插頭香」。廟祝真有創意，想得出這種招攬方式。

燒香燃紙傷害健康

　　燒香為佛教儀式，而為與神靈溝通的媒介。民眾持香，念念有

詞的向神明或祖先祝禱，所有的祈願隨裊裊香煙上達天庭，讓神靈聽見子民的呼喚。

許多家庭設有神案，祭祀神明與祖先，神案香爐終年香煙不斷，一代傳一代，成為「香火」。

環保署檢驗5種市售香品，發現香品燃燒時都產生致癌性、揮發性有機物苯、甲苯、二甲苯、苯乙烯、丙酮、氯甲烷、丙烯等成分。2003年，中研院研究顯示，固定在初一、十五到廟裡燒香的進香客，因暴露在含有多環芳香烴煙霧中，致癌風險是極少進香者的1000倍；而在廟中工作人員及每日都在家中佛堂燃香者，致癌風險超過警戒標準。燒香煙霧懸浮微粒對過敏、氣喘體質的人都是誘發因子。台北行天宮每年至少燃燒3千萬柱香。

2010年，環保署表示，台灣全年焚燒紙錢的量約28萬公噸，燒掉1公噸紙錢產生1.5公噸二氧化碳，並釋放一氧化碳和苯、甲苯、乙苯等揮發性物質，還會產生戴奧辛等有毒致癌物。

2012年，台北市推動金銀紙錢集中至焚化廠焚燒服務，減少空氣污染。但保安宮董事長抗議，焚燒金銀紙錢是對神明及先人的敬意，把這些心意當成垃圾燒，跟把送給神明、先人的心意丟在垃圾桶，有何兩樣？

有地方政府推動紙錢改為大面額，以達到減量效果；鼓勵信眾將買金銀紙的錢拿來添香油錢、改買白米送弱勢團體。

另外，拜神易釀火災，每年街頭巷尾常有燒銀紙，風吹而會四散，神明燈長年亮著，結果，每年總有火災。2013年，台北市府買火災警報器，送給小廟與神壇，但有時受到拒絕，因神明頭上放火災警報器是大不敬。神為何無法自保，卻愛面子？

神保佑了什麼？

2010年春節，總統到台北市松山媽祖廟參香，祈求台灣風調雨順、國泰民安；抽出「國運籤」說國運否極泰來。2個月後，在高雄內門上祀媽祖的順賢宮，總統手持令旗，敬頌國泰民安，風調雨順。結果呢？9月，颱風凡那比造成7死百傷。10月，颱風梅姬造成38死96傷。有拜或沒拜媽祖，造成差異嗎？

根據維基百科，全台約510座媽祖廟，這般密集大量的敬拜，為何每年均有傷亡？例如，2009年的八八水災（莫拉克風災），使得高雄甲仙小林村小林部落慘遭滅村，而全台7百人死亡。總統在台中大甲媽祖遶境進香時，要求隨官員要像媽祖婆聞聲救苦，但媽祖怎讓這7百人亡故？後來在祭拜場所，災民還感謝媽祖照顧，讓災民走出陰霾。但為何媽祖沒有擋住八八水災？遑論救出遭活埋的幾百人？其實，災民要感謝的是救災人員，尤其3位英勇殉職的直昇機駕駛。

2009年，世界運動會在台登場前，高雄市邀各宗教團體舉行遶境祈福活動，因參與教派很多，庇佑圓滿的祈福文以「上蒼」稱呼諸神，但上蒼不賞臉，祈福才開始就下雨、遶境花車時碰上喪家出殯、花車吉祥物太高而無法穿過涵洞。

西藏達賴喇嘛「自身難保」

2009年，台灣已有233個藏傳佛教中心，信眾數十萬人。台灣信眾以大量供養金資助藏僧來台，根據《藏傳佛教在台灣》書，台灣近十幾年來捐獻給西藏佛教的供養金，已達新台幣數億元以上。當年，達賴喇嘛來台，達賴喇嘛西藏宗教基金會，提供達賴加持[8]

8　類似地，天主教主張「化體說」（transubstantiation），認為在彌撒中，聖

過的「吽呢丸」和「金剛繩」給信眾，拿到者直呼幸運。但達賴一再感慨要灌頂的人比認真聽法的多許多，以為加持與灌頂，就能得佛佑，難怪流傳說法是：「喇嘛要募款就來台灣，要講佛法就去歐洲」。

但西藏政府流亡印度，生活困苦，達賴喇嘛連自己的國民都無法福佑，如何福佑我國人？若他真的相信自己有那種超自然神力，則他思維有問題，若他知道自己沒神力，但一直在「演戲」，則人格有問題。台灣常有仁波切[9]為民灌頂，為何我國民迷信這等事呢？

餐「麵包和葡萄酒」經神父祝聖加持後，就變成耶穌的身體和血。

[9] 仁波切是對藏傳佛教上師的尊稱，需在學問與修行堪為楷模者。2011年，有仁波切在台北萬華嫖妓，向警察辯稱是去「瞭解民情」。我國的仁波切（身披深桃紅色法衣）密度是全球最高的。

安慰劑效應

　　信徒無力解決難題，就將它交給神處理，既然全能與全知的神在處理，則其結果一定是最佳的，如果是成功的，則神果然全能；若是失敗，則表示自己信仰不足，或神判斷你不夠格，必須恭敬接納，遑論怨言。人有「神幫忙處理難題」的幻覺時，自會輕鬆面對人生，有助於健康；此為安慰劑效應，只要相信就有效用。

　　教徒「與神溝通」，其實是和自己商量，所得答案（「神的旨意」）實為自力更生的結果；宗教魅力的背後只是「自我實現的預言」或「安慰劑效應」。

　　1955年，美國哈佛大學麻醉專家畢闕（Henry Beecher，1904～1976），提出「安慰劑效應」，亦稱「受試者期望效應」：雖然拿到的只是糖或牛奶之類治療，但因「預期、相信」有效，而啟動免疫系統，讓病患症狀得到舒緩的現象。相反地，「反安慰劑效應」（nocebo effect）指人認為某物或醫藥有害，則果然生病或病情惡化；總之，療效不是由該物引起，而是啟動治病機制所致。但若病患知道自己只是服用安慰劑，則服用無效；可知，心理作用力大。

　　安慰劑效應的形成為主觀的，此即為何安慰劑效應，在諸如頭痛、敏感等偏重主觀性質的病情，較易有效。類似地，「好言一句三冬暖，冷語傷人六月寒」，日常生活中的祝福與「生命線」的慰藉等，均和求神問卜異曲同工。

　　我相信，無條件的愛是已知的最強力的免疫系統刺激劑。如果我告訴病人，要提高他們的血液中的免疫球蛋白、或自

　　然殺手T細胞，無人知怎麼做到。但若教他們熱愛自己和別人，就可得同樣的效果。亦即，「愛有治癒力」。

　　　　　　　　　　　──西格爾（Bernie Siegel，1932～）

　　　　　　　　《愛、醫藥、奇蹟》，美國耶魯大學醫生

科學證實

　　安慰劑效應怎麼來的？2012年，英國布里斯托（Bristol）大學生物學家策林莫（Peter Trimmer），發表研究結果顯示，人類免疫系統為了節能而發展出開與關的機制，因其運作時消耗很多的能量。從前取得食物困難，若可忍受感染而不啟動免疫反應，可活更久；若容易取得食物，則可啟動免疫系統，而更快回復健康。結果，即使在現代環境中，人類已經不需那麼節能才能保命，小病的免疫系統仍須安慰劑啟動。

　　科學研究顯示，內生性鴉片（endogenous opiate）是腦部釋出的化學物質，可產生鎮痛、麻醉的效果，也可引起快樂的感覺。鴉片劑能如同內生性鴉片般，刺激同一個腦部受體，引起興奮的感覺。增加釋放內生性鴉片，例如1975年發現的天然的鎮痛劑腦內啡（endorphin），可引起快樂的感覺，就像在深呼吸、性愛與運動時產生。病患服用安慰劑後表示痛苦得到舒緩，此時候替病人注射納洛酮（naloxone，一種可以對抗鴉片劑的藥物），痛楚就會再次出現，這意味著安慰劑效應是由體內釋放的鴉片劑所引起。使用「功能性磁振造影」，科學家發現，安慰劑活化腦部的區域，就是腦內啡等物作用處。紓解憂鬱的安慰劑，在腦中活化之處，和抗憂鬱藥樂復得（Zoloft）等活化的一樣。

　　每當你微笑，你釋放神經傳遞質血清素，會讓你感覺愉快。受到微笑著者也會感到快樂；你越對別人微笑，他們越會對你微笑。

笑聲也增強免疫系統、助益清除毒素；因此，笑聲越多，消化越好、感冒越少。一旦笑臉成為習慣，生活即添加源源不斷的快樂時刻，經常提高你的整體幸福程度。

> 開朗地笑是導向正面情緒的有力方式，人體內「奇妙的藥廠」產生我們所需要的大部分藥品。
>
> ——卡忍斯（Norman Cousins，1915～1990）
>
> 美國加大醫學院教授

2010年，美國北卡大學心理學家弗列立森（Barbara Fredrickson）和寇克（Bethany Kok），在《心理科學》（Biological Psychology）為文指出，迷走神經張力（vagal tone）高的人，心情好、容易相處、善於因應壓力。「反向」地，正面情緒會提升迷走神經張力，這是相輔相成的正回饋。美國加州大學洛杉磯分校心理教授艾森伯格（Naomi Eisenberger），以功能性磁振造影發現，覺得孤單時，受傷時反應區的大腦背側前扣帶回會活化，亦即，身體傷痛和心理傷痛「等值」。

亞伯拉罕教主張人皆帶有原罪，犯錯會永在地獄中受罰。修女無止境唸誦聖母經「萬福瑪麗亞」時，為有時出現的不純念頭而有揮之不去的憂慮，是否被全知的神寬恕？佛教徒擔心被輪迴成為畜生。科學家發現，精神分裂症和強迫症均與與宗教傾向高度相關；抗精神病的藥物目標在阻斷多巴胺（dopamine）受體，通常會降低宗教行為和宗教妄想。多巴胺是一種腦內分泌物，屬於神經傳導物質，可影響情緒，它負責大腦的情慾感覺等資訊傳遞[10]，也與上癮

---

[10] 瑞典科學家卡爾森（Arvid Carlsson，1923～ ），確定多巴胺為腦內資訊傳遞者的角色，而榮獲2000年諾貝爾生醫獎。

有關。愛情的感覺其實就是腦裡產生大量多巴胺作用的結果。

到處都是搭便車者

安慰劑效應為自然現象，但教徒將之歸功於神，而讓神越好大喜功。

> 醫生早已知悉，但大眾仍不詳的醫學大祕密是，大多數的身
> 心問題會自行好轉。
>
> ――湯馬斯（Lewis Thomas，1913～1993）
> 《細胞的生命》，美國醫生，1974年

美國牧師皮爾（Norman Peale，1898～1993），寫書《正面思維的力量》，提倡「相信你自己、祈禱的力量、停止憤怒和懊惱、如何人見人愛」等，均為現代常識；就如《聖經》所說：「喜樂的心是良藥」亦然。只是，現代人常需提醒。

2011年，美國西雅圖「團體健康研究所」雪嫚（Karen Sherman），研究顯示，擁護瑜伽者宣稱其提昇心靈的效果，但普通的伸展運動也一樣有效；亦即，心理效應來自伸展，而非瑜伽專有的效果。瑜伽健身風靡各地，和諸如美國女明星安妮斯頓（Jennifer Aniston）等名人的鼓吹有關。

2010年，智利聖荷西礦山（Mina San José）發生礦災，33位礦工受困在地下7百公尺坑內。受困期間，政府鑽了細井與他們通信、送食物醫藥。大部分礦工為天主教徒，要求送下《聖經》、聖母瑪麗亞雕像。教宗本篤十六世也給每個人念珠；礦工說：「我與神同在。」70天後全獲救，媒體報導：「礦工和家屬相信他們的祈禱得到了回應。」智利舉國將礦工存活歸功於神，而獲救為奇蹟。

總統說：「當第一個獲救者平安出地面時，我希望智利所有的教會，以歡樂和希望大力敲鐘響；信仰已經移動山。」其實獲救的背後是高科技，例如，美國太空總署幫忙設計與操作逃生艙、台灣普萊德科技公司提供夜視與抗溫濕的地底攝影。除了心理作用，整個救援過程和神無關，但功勞卻全歸神。神為何弃得礦工在下時發生災難？若無各國救援，神會救人？

2010年，美國達美航空客機起落架無法放下，旅客不斷祈禱，最後成功迫降河上，機長說：「神佑大家！」大家不知功臣是技術精湛的機長？神為何讓飛機陷於危險？全球多少空難，神均袖手旁觀，但若有獲救，神就坐享其成。

祈禱的實效

若無奇蹟與拯救，祈禱就失去意義。2004年，《美國新聞與世界報導》民調顯示，大部分美國人每天為自己和親友健康祈禱，使得祈禱成為最常用的醫療措施。

> 有牧師與司機蒙主寵召，但牧師下地獄，而司機上天堂。牧師氣憤：「神啊，不公平，我忠心地為您傳教，卻下地獄，那司機開車橫衝直撞，卻上天堂？」神說：「你每次傳道時，台下的教友全都睡著了，而司機每次載著教友時，全車的教友都虔誠的祈禱。」
>
> ——艾西莫夫

1872年，英國統計學家高爾頓（Francis Galton，達爾文的表弟）爵士，驗證祈禱的效果：若祈禱有效，則英國皇家成員應更長壽，因為成千上萬的子民每週日為他們祈禱。但是，皇家成員沒比

全國平均更長壽。

> 傳統上，教宗每年復活節祈禱世界和平，但從無效果，世界
> 一直戰亂；教宗還是一直祈禱。捱了這麼多悶棍，教宗心理
> 在想什麼？神在陷害他嗎？
>
> ──魯尼（Andrew Rooney，1919～2011）
> 美國傳媒名作家

2006年，《美國心臟期刊》（American Heart Journal）4月號，專論祈禱的效用；該實驗由美國著名宗教社團「天普頓基金會」（Templeton Foundation）資助鉅款，主持人為身心醫學研究所的心臟學專家邊森（Herbert Benson，1935～），總共近2千病患，分成3組（第1組受到祈禱，但不知此事；第2組沒受到祈禱，也不知此事；第3組受到祈禱，也知此事）。結果，祈禱並無助於康復；另外，知道自己受到祈禱者，比不知者更難康復。

並無科學證據顯示「代禱」的效益；例如，2005年，美國杜克大學精神科醫生與教徒柯尼西（Harold Koenig），於英國醫學期刊《刺胳針》為文顯示，代禱並無助於改善病患健康；評論者稱讚柯尼西，為誠實與勝任的科學家。

為何神不向教徒明示祈禱無效？2千年來多少教徒一直求神呢。至於相關書物和設施等資源投入，也不勝記數。

> 地震造成慘重災情，救災時，電視上不斷提醒國人一起祈
> 禱，但是向誰祈求呢？……不要以為獲救者是福報的結
> 果，因為此想法將使不幸罹難者和家屬無從辯解。宗教若
> 是不分青紅皂白地「好生惡死」，其功能又與世俗俱樂部

何異？

　　　　　　　　——傅佩榮，台大哲學教授

全能全愛的神，為何創造出那麼多病原、天生殘障者、惡魔和
惡行？祈禱若有效，為何史上那麼多祈禱者仍受傷亡？祈禱改變神
的「全知全能」嗎？

　　教宗肯定意義治療法對天主教與人類社會的貢獻。告退後，
　　他突然在我背後喊道：「請為我祈禱！」……我們可以想像多
　　少夜晚他內心的掙扎……他臉上刻劃著無數難以入眠的夜。
　　　　　　　　——法蘭可（Viktor Frankl，1905～1997）
　　　　　　　　意義治療法開山祖師觀見教宗保祿六世後

2010年，台東卑南鄉利嘉慈玄堂辦法會，宣稱當時，雷聲大
作，天空雲彩中阿彌陀佛顯像，接著，地藏王菩薩也騎麒麟現身。
信眾說，幸好有兩神護祐台東，在莫拉克風災中傷亡才能降到最
低。此說辭實在陷「全能全愛神」於不義，讓隔鄰高雄小林村遭活
埋4百子民「情何以堪」？2014年，復興航空班機在澎湖墜毀，多
人慘死，首次搭機的海軍蔡中士倖存，其父母感謝上天保佑，則上
天護人的標準何在？

2012年，歌星王芷蕾透過代理孕母得子，宣稱是「見證全能神
的應許」，則為何全能的神讓她祈禱24年還不孕？卻由美國科技
（試管嬰兒）竟功？並且，那些祈禱無效的信徒怎麼想呢？

但神一再向信徒保證祈禱的效果：「我求告耶和華，他必聽
我。我實實在在地告訴你們，你們若向父求什麼，他必因我的名賜
給你們。神實在聽見了，他側耳聽了我祈禱的聲音。凡你們祈禱祈

求的，無論是什麼，只要信是得著的，就必得著。」史上那麼多信徒慘遭不幸，還好意思保證祈禱的效果？

十字架與念珠的「保佑力」

十字架是一種古代中東處以死刑的刑具，是一種殘忍的處決方式。西元337年，羅馬皇帝君士坦丁大帝下令禁用此刑具。他曾在一場戰役前，看見在天上出現類似十字架的異象，自此之後，十字架被引入基督教作為信仰的標記。

在西方文學中，一般用十字架比喻苦難。今天，十字架是基督教的信仰標記，基督教徒在胸前畫十字或佩帶十字架以堅定信仰。20世紀末，教宗對穿著暴露的影歌星等「怪胎」，配戴十字架項鍊當裝飾品，相當不滿。

為何十字架有神力？配戴它就可有護佑效果？其實，它只是人為雕刻品，有何法力可言？否則為何它會毀損？或遭丟棄？許多配戴者照樣遭受傷亡。

羅馬天主教、東正教、英國國教、伊斯蘭教、印度教、佛教、錫克教和巴哈伊教教徒，在祈禱、歌頌、唸經、唸咒、靈修時，手指撥動數念珠。在佛教中，念珠是禮敬法器，不同的念珠用於不

▼各式宗教念珠有助於集中意念。圖片來源：維基百科James Gordon

同法事。念珠珠數為108顆，代表斷除108種煩惱，而證得108種三味。今日漢藏兩地僧俗二諦四眾弟子，皆奉行「手不離珠，口不離佛」。

> 諾貝爾物理獎1922年得主波耳（Niels Bohr）是丹麥人。有一天有美國科學家訪問他，看見他在門上掛了馬蹄鐵，這在西方象徵幸運，訪客驚訝問他，難道相信馬蹄鐵會帶來幸運？但波耳回答說他不信，不過，不論相信與否，它會帶來幸運。
> ——楊振寧，諾貝爾物理獎得主
> 2002年於台大演講

製作者將各材料雕塑成圓珠後，就有神力？若神職者加持就有，為何神職者自身難保？

勤於「洗腦」

猶太教徒每天至少祈禱3次，在諸如安息日等特別節日，會增加祈禱的次數。伊斯蘭教徒必須在固定的時間祈禱，每天5次（晨拜、響拜、晡拜、昏拜、宵拜），讚頌真主超絕萬物；祈禱前需洗臉和手腳；早期向耶路撒冷方向祈禱，但西元624年穆罕默德把祈禱方向改向麥加的卡巴聖堂。

傳教者深諳隨時「洗腦」的重要性，要求信徒對神這般殷勤，難怪神一直統治人間。另外，也「專利壟斷」見神的通路，如耶穌所說：「我就是道路、真理、生命。要不是通過我，誰也不能到天父那裏。」

宣稱神需要祈禱，才知其子民的需求，實在侮辱神的全能全知。說神需要傳教士，才能獲得信徒，實在侮辱神的全能。以為祈

禱是和神溝通，其實罹患幻想症。但傳教者還提出如童言般的解套說辭：「雖說神是無所不知的，在我們祈禱之前，神早已知道了我們的需要（太6:32），但神還是希望我們祈禱祈求，因神喜歡人與他合作，他要做事，卻要經過我們的祈禱才作，他的恩典要等我們祈求之後才賜下；為的叫我們更深地明白他的旨意，更深地領會他的性情，同時也讓我們知道，離了主我們就不能做什麼」。則諸如孔子等非信徒「就不能做什麼」囉？

原來，基督教主張，祈禱有效的前提為：（1）承認神是創造宇宙及人類的主宰，耶穌為救贖人類而被釘死在十字架上，第三天死裡復活；（2）承認自己是個罪人，並向耶穌認罪悔改；（3）承認並接受耶穌是你的救主。

難怪，佛洛伊德認為宗教為一種幻象，人若要長大成熟，必須脫離此幻想；宗教是原始人的「戀父情結」引發的，把神想成崇高的父親，才會被兒女的祈禱所軟化，被他們的懺悔所感動。《聖經》稱神為天父，主禱文的頭一句是「我們在天上的父」（太6:9）。

不需宗教，效果類似

超覺靜坐（transcendental meditation）為改良的簡易瑜伽術。包括靜坐、閉目，默念字句以排除雜念。另一作法為讓身體成大字形躺著，想像自己無法動彈的放鬆方式。讓感覺處於超越時空的狀態，就如禪的「空」或「無我」的境界。

美國哈佛大學身心醫學教授邊森團隊，分析人的基因體顯示，學習放鬆技巧（每天10～20分鐘深呼吸等），8週後，基因分析顯示，有益基因聚落變得更活化、有害基因則相反。

2012年，威斯康辛大學神經科學家迭畢森（Richard Davidson）指出，研究冥想者發現，法國和尚李卡德（Matthieu Ricard），腦部掃描顯示，冥想時，李卡德的腦產生許多和意識、注意力、學習與記憶有關干馬波，他的大腦左前額皮層比右邊超多活化，而給他異常快樂的能力和減少負面思維，此現象稱為「神經可塑性」（neuroplasticity）。2011年，美國加大洛杉磯分校老化中心主任詩莫勒（Gary Small）提到，腦部掃描顯示，經常冥想的人，在年齡日長時，腦退化症的典型症狀（認知衰退和腦萎縮）比較少。

祈禱、拜拜、禪定等，為何有效？應如上述靜坐冥想，或說「定靜安慮得」心理作用。緊張焦慮者需要深呼吸、轉移注意力、放鬆肌肉等技巧，就可舒緩，甚至愉悅或加強免疫力，這均不需要借助神力，宗教信徒給神太多功勞。但宗教的定期儀式和信仰的經常提醒，助益人定靜安慮。不論信徒與否，常常定靜安慮者，其氣質與習慣自然不同，也有助於其待人處事、健康和樂。

各類「隔空抓藥」

　　2001年初，台大電機李教授邀請宣稱特異功能的大陸張穎女士，到他實驗室表演「隔空抓藥」，聞風而來的患者等目擊而「嘖嘖稱奇」，張穎說上天賦與這項能力，藥是白髮老人「藥師佛」給的。常和李教授搭配演出「手指識字」的高姓少女，表示她看到一道光下來，藥就從張穎手裡落下。後來，張穎對外說明其功力，不料被魔術師粘立人識破為作弊，為「仙人採豆」手法。台灣魔術師聯盟向張穎下戰帖，若真能在魔術師監督下發功抓藥，願付她320萬元。大陸中國科學院院士何祚麻指出，號稱特異功能者以魔術手法表演，引開觀眾視覺焦點，快速動手腳矇騙觀眾，但在科學家和魔術師共同檢驗下，均全破功，無一得逞。台灣「全民反迷信協會」會長李喬說，隔空抓藥還在台招搖撞騙，民眾該大聲向怪力亂神說不了。

　　今天的「隔空抓藥現象」多如牛毛，例如，塔羅牌、聖經密碼、帶路雞、搶頭香、永保安康、放蜂炮趕瘟疫、開運印鑑、祈福法會、祭神王船、焚燒紙錢、西藏天珠、太歲符、網路拜拜；讓許多人趨之若鶩。

　　「線上普度」業者說，只要網友覺得自己「卡到陰」，隨時都可以上網普度。寫下遇到的衰事，選擇要普度的鬼怪和供品種類，讓虛擬的網路道士透過動畫進行普度，系統還會把平安符寄到使用者電子信箱中。但有「e化神棍」遭警察逮捕，因其網站宣稱具有穿梭靈界、透視前世今生、隔空超度等本事，涉嫌詐財；該神棍宣稱可透視別人安危，卻無法透視自己會被捕。

　　2010年，南投水利會長候選人，需兩取一，審查小組提議由神明作主，兩人到廟裡擲筊。反對者說，這是典型的「不問蒼生問鬼神」。結果，落敗者說：「既然神明不希望我選，一定有其道理。」競爭以和平落幕，神明果然好用。

> 　　《大智度論》說：「佛法如大海，惟信能入。」有一個人失足落在井裡，這個古井無人經過，掉下去如何爬上來呢？這個落井的人，看著井口，沒有別的念頭，一心想著：「我要是有輕功，能飛翔，就可以飛躍上去。」他這樣的朝思暮想，由於精神集中，果然有一種無形的力量，給他能夠升空。
> ——星雲法師〈如何進入佛法？〉

　　如同對文藝等美的感動，遐思「輕觸性靈之弦」；人看到「異像」時，會驚為神示，賦予超自然的意義，認為其中必有蹊蹺。

信仰療法

　　2013年，美國費城「第一世紀福音教會」夏博末（Herbert Schaible）夫婦，未將病童送醫，4年內2子相繼死亡。該教派相信「信仰療法」，禁止信徒看醫生和吃藥。該教會網站張貼：「相信醫療和藥物絕對是罪，只有相信耶穌的名才能得到醫治。」

　　在《聖經》，耶穌治療的疾病遠超乎當時第一世紀的醫學能力，也許最戲劇性的是，罹患12年血漏的女士，摸了耶穌的衣服就痊癒（可5:25～29）。耶穌給12門徒「制伏污靈的權柄，可以趕逐牠們，並醫治各樣的疾病」（太10:1）。「復活死亡的，潔淨患痲瘋的」（馬10:8）。

　　1879年，美國艾蒂（Mary Eddy，1821～1910），創立基督科

▼義大利教堂宣稱信仰療法治癒啞巴雕塑、菲律賓神父治療兒童。
　圖片來源：維基百科G.dallorto, Ramon FVelasquez

學教會（Christian Science），教義來自其1875年的書《科學與健康》，宣稱神是絕對的善與完美，疾病和死亡都與神無關，因此都不是真實的，所有物質上的「錯誤」，都可以靠更高層次的靈修來解決；耶穌有治癒能力，也因有同樣的領悟。

　　摩門教一直擁護信仰治療，依賴牧師祝福的手；但治療的最後結果，還是依神的意思而定。

　　美國癌症學會的立場是「祈禱治療不能取代醫學治療」。2009年，該會聲明：「已有的科學證據並不支持信仰治療療效。嚴重傷害或疾病時，使用信仰治療而非醫學治療，已經導致死亡與殘障等不幸後果。」

　　信仰治療有效的個案，很可能只是安慰劑效應，或是自然就可痊癒。

沛然莫之能禦的信念

▼史懷哲在非洲蘭巴倫行醫、葬在蘭巴倫。圖片來源：維基百科Vincent.vaquin

　　很多人能為道殉難，都因神旨具有最高的權威，神旨奉行
（God's will be done），自然視死如歸，諸如被丟進獅子坑、被亂石
打、送火刑等，均只看到神微笑相迎進天堂；則其他受苦算什麼？
信徒認為神自有其安排，不論結果如何，均欣然接受，亦即「歡喜
做、甘願受」、「享受犧牲、犧牲享受」。

　　但全知全能全善神早知悲劇會發生，何忍袖手旁觀？

　　德國人道主義者史懷哲當牧師為人們排憂解難，是他的素志。
他看到非洲地方缺乏醫療人員的報導時，花7年的時間取得醫學博
士學位，奔赴蠻荒，義無反顧。他大半生都投身於熱帶叢林中，把
拯救他人的不幸與貧窮，當成自己的責任。他前往法屬赤道非洲蘭
巴倫（Lambarena，加彭共和國），迎接他的是特大的昆蟲蚊蠅和
土人的病痛與貧窮、精神病、脫腸、橡皮病、痲瘋、昏睡病、疥
癬。歷經兩次世界大戰，史懷哲夫婦因為他們德國人的身分而被拘

禁，或被關入法國俘虜營，他們因此感染赤痢等症。他到歐洲各國舉辦演說和演奏會籌款，他的熱情引起各國愛心人士的迴響，而能不斷擴充設備，強化醫療，以便照顧更多的病人。土人稱他「歐剛加」（神人）。

病死卻被拱成救星？

　　修女發誓一生「貞節、神貧、服從」，也是她們成為基督新娘[11]的標誌。《修女守則》中規定「貞潔聖願，是自由而甘心地，為了贏得天國，選擇度獨身生活。」

　　西班牙聖女大德蘭（St. Teresa，1515～1582），也稱耶穌的聖大德蘭，其回憶錄提到，她聚集心力，只求「讓己成為神的囚犯」。當神賜她「偉大的祝福與恩惠之水時」，深刻的安慰與平安感就降臨到她身上。接著，是「為愛所沈醉」，一心只惦記著這個掌握心靈，並賦予心靈生命的神：「喔，我的主宰，看呀，現在的我就連寫這段文字，都仍逃不出這種天堂似的瘋狂狀態……我懇求你，讓那些須與我交談者，都因你的愛而瘋狂……或將我由這個世界帶走。」下一階段是，她與聖靈神祕結合：「努力追求神的靈魂，意識到極端甜美的喜悅……靈魂已經溶解在神的靈魂中，經由這個結合，我終於體會到神賜予的恩惠。」神何忍讓她像偏執狂、祈求「結合」？

　　天主教徒的信仰治療中，最有名的當數名為法國盧爾德（Lourdes）石窟中的盧爾德聖母（Our Lady of Lourdes）。據說在1858年，有女孩在山洞中看到聖母瑪麗亞顯靈18次。天主教教會已承認超過60件奇蹟、7千個否則令人費解的醫療治癒。今天仍有許多信徒跳進聖池，冀望聖水治療其病。其實這樣做可能使信徒傳染各式疾病；一百多年來，超過2億信徒來治病。

---

[11] 神實在缺德，娶這麼多古來無數的新娘。聖母瑪麗亞則是唯一「受孕者」。為何神是男性？

> 我曾參訪聖母信仰治療聖地盧爾德（Lourdes）……石窟中
> 掛著許多拐杖，見證瘸腿患者已經治癒。但是其中並沒掛義
> 肢，表示並無失去四肢而復原的。
>
> ——克羅森（John Crossan，1934～）
> 《耶穌是誰？》

聖女小德蘭（St Therese of Lisieux，1873～1897）是被教會冊封的第3位女聖師，24歲時在肺結核病折磨下，吐血去世。她的自傳《回憶錄》，是修道院院長要求她寫的，因她曾代禱而產生許多奇蹟。書內提到：「我全無邀天主寵眷的美點，我的一點好處，完全是天主的仁慈施與。」她二姊記載《最後言談錄》，描述小德蘭在身心雙重痛苦中，以堅強的信德把自己交託在天主手中，全心全靈願意受苦。因她而建的法國利雪（Lisieux）大教堂，在法國盛名僅次於盧爾德石窟。1925年被封聖後，成為傳教士與愛滋病患者等的守護神。

1997年起，小德蘭遺骨盒在全球46國巡迴展出；2009年，在英國展出，主辦者特別邀請病患和年輕人觀賞，聲明展物有助於參觀者更深度地與神接觸。信徒以手、念珠、信物等接觸防護玻璃，祈求小德蘭賜予奇蹟，而讓自己或親友康復。但若需防護玻璃，哪可信其護人的神力？

小德蘭能代禱而產生許多救人奇蹟，而被封聖。但人的疾病不是全能神的作為嗎？為何神要先施加病於人？既然病害為神旨，奇蹟救人豈不違反神意？更根本的問題是，小德蘭生前慘遭肺結核折騰（現代科學可治療）、吐血而亡，有何神聖可言？有何能力施展神蹟？現代人為何盲目求其護佑？

第七章
倫理道德來自宗教嗎？

缺神就沒良知嗎?

俄國作家杜斯妥也夫斯基在《卡拉瑪左夫兄弟》書中,指出「如果沒有神,那麼所有事情都是允許的。」此種思維顯示亞伯拉罕教區受宗教影響的後果。

教徒以為沒有宗教教義,人就就無法做出道德決策?例如,沒「十誡」不行;但以色列人難道需要十誡才知兇殺、姦淫、盜竊等,有違倫常?若以為不信耶穌,就會變為壞人,這是對人類的侮辱。否則,行善時,只是「為耶穌而行善」。若因信神才可上天堂,則更是功利荒謬。

> 我們義大利人比其他人更不虔敬、更墮落,因為教會與神職人員立了壞榜樣。
>
> ——馬基維利(Niccolo Machiavelli,1469~1527)
>
> 義大利政治家

人的道德或價值觀來自神嗎?美國聯邦監獄局統計顯示,罪犯中的基督徒占80%,而無神論者0.2%。1996年,美國德州州長布希注意到,在該州取消對宗教慈善團體的監督後,在5年內,確認的濫用與疏忽,比其他執照團體,增加25倍。

▼俄國作家杜斯妥也夫斯基。
圖片來源:維基百科

在修身上,佛教徒說:「若離粗惡語,常說柔軟言;眾生皆愛敬,滅先世罪業。」;基督徒說:「每當難過時,

忍一忍，過3天就會撥雲見日，因耶穌被釘死而3天後就復活。」
不論掛何宗教名義，目標均同（修身）。其實，不藉宗教，一樣
可做到：孔子言忠信行篤敬、不講怪力亂神，治理魯國3年，人民
夜不閉戶與路不拾遺。

慘絕人寰的「人祭」

▼英國探險家庫克看到大溪地土著以人祭祀。圖片來源：維基百科

　　人祭是為討好或安撫神或亡魂。在基督教，亞伯拉罕「燔祭獻子」與士師耶弗他將獨生女獻祭、長子獻祭（出22:29）。在中國，屠殺活人作供品，叫「人牲」；《甲骨續存》有火焚女奴以祭天祈雨的卜辭。中國商朝將奴隸做殉葬品，即人殉。《墨子•節喪篇》說：「天子殺殉，眾者數百，寡者數十。」

　　墨西哥阿茲特克族人認為，必須以活人獻祭才能取悅太陽，否則，太陽將不會每天從東方上升。1487年，大神廟獻祭幾萬人，祭品為人血與還在跳動的心臟。1760年代，英國探險家庫克（James Cook），看到太平洋東南的大溪地土著以人祭祀，勸說神不吃屍體，土著回說神在黑夜享用；庫克只能期盼這些妄想者，有一天認清殺人的事實。

在古印度吠陀時期，寡婦是可以改嫁的，西元二世紀以後寡婦不許改嫁，以後規定日漸嚴苛，必須殉葬。薩蒂是古印度神話故事中的一名年輕女神，薩蒂因家人侮辱她的意中人濕婆神，而跳入聖火中自殺。印度人相信殉葬的婦女將能升上天堂。殉葬者要穿上當新娘時的全套盛裝，坐上柴堆，然後再點火，可跟死去的夫婿一起燒化，或單獨自焚。1829年寡婦殉葬被英國官方宣布為非法，印度婦女上街示威抗議，要求殉夫的權利。

「異教徒觀念」才是原罪

　　當前的主要宗教「亞伯拉罕教」，為一神教，排他性很強，對異教徒有難以超越的偏見。因此，由胸襟這般狹隘的宗教來定義「倫理道德」，妥當嗎？

　　2012年，屏東蔣家8個兄弟姊妹，各自有不同的宗教信仰：老大是天公代言人、老二是三山國王乩童、老三篤信白蓮教、老四是關聖帝君門徒、老五是一貫道講師、老六是虔誠基督徒、老七投入現代佛教、老么信奉自然教。老六說，她教會曾遇困難，甚至差點關閉，除了是神恩典外，也靠手足號召信徒捐錢，但信徒認為異教徒的捐款是「魔鬼的錢」。

　　2010年，英國曼徹斯特大橋衛理公會教堂，原租給教徒練瑜伽，但新任牧師認為，瑜伽有印度教和佛教的背景，練習的時候一定也會順便知道其教義，則此異教活動可能會影響信徒的信仰，因而不願續租。

　　基督教強調原罪，說亞當墮落後傳給每人「罪」。為何全能全愛神將人弄得一出生就一身罪？哪一種生物這般作繭自縛，或甚做法自斃的？信神實在自取侮辱。2008年，梵蒂岡天文台主任認為可能有外星人，但可能無原罪。原罪觀「污染」地球人還不夠，又要將外星人拉下海嗎？

　　其實，原罪觀只為控制人，如緊箍咒控制孫悟空，「異教徒觀念」才是原罪。

　　以《聖經》強烈反對異教徒的態勢，連自己的妻或子都要用亂石打死，則知耶和華的妒忌心和色屬內荏和殘忍；全世界那麼多其

▼米開朗基羅的原罪畫像。圖片來源：維基百科

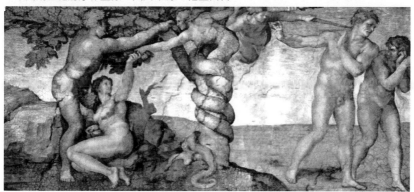

他的神和各式信徒，均會被耶和華教唆亂石打死，但是《聖經》又說萬物是耶和華所創造，則其他神和信徒的誕生和被亂石打死，只是耶和華的有意安排？全能耶和華創造眾人，卻無能管好乖乖地只相信耶和華，只好三令五申，以「亂石打死」威脅；這是主張「愛鄰如己」的神嗎？

　　《聖經》的部分內容，注定引發排外：「除我以外，你不可有別的神。」「惟有我是神；在我以外並無別神……不將我的稱讚歸給雕刻的偶像。」

　　發起第一次十字軍東征的教宗烏爾班二世（1035～1099）說，殺死伊斯蘭教徒等異教徒「無罪」。天主教徒和新教徒進行三十年戰爭，成千上萬的基督教徒互相殘殺。近代，許多穆斯林拒絕小兒麻痺症疫苗，因認為那是異教徒的陰謀。

　　排他論是一神論宗教的正統立場，它們只認為自己的神才是真神，只有委身於該宗教才可得到拯救，其他的宗教被冠以異端。基督教是典型的排他論宗教，「信者得救」只是滿足私欲條件觀。

對於猶太教、基督教、伊斯蘭教的諸神奇蹟，科學論就是無神論。類似地，這些宗教的真正信徒，對於所有其他信仰的神聖原則，也均為無神論者。基督教拒絕《古蘭經》所宣稱「其宇宙創世者的話不會錯」，而穆斯林和猶太人拒絕耶穌的神性。

——克勞斯（Lawrence Krauss，1954～）

美國物理學家

只要基督徒相信在末日審判時，只有其信徒才得救，則他會「敬重」其他信仰嗎？只要伊斯蘭教徒認為懷疑《古蘭經》的學者就要被「古代科技」的亂石打死，則信仰和理性不可能和平共處。

十誡：前四誡只為自保

根據《聖經》，十誡是神藉以色列的先知摩西頒布的律法，其首要的十條規定，約出現於西元前1500年。

▼十誡是神藉先知摩西頒布的律法。圖片來源：維基百科

一般人引述十誡，常常是《聖經》原文的簡化，並無標準字句樣式，而各分裂教派的說法略有差異，基本上指「唯我真神、不可雕刻偶像、不可妄稱神的名字、安息日為聖日、尊敬父母[1]、不可殺人、不可姦淫、不可偷盜、不可作假見證害人、不可貪戀人妻與財產」。排在前面的四誡，只是為了鞏固神自己的地位，其神聖性何在？例如，神要求「不可跪拜那些像，也不可事奉它們；因為

---

[1] 基督教是天「父」優先於自己的生父母。

我耶和華你的神是妒忌（jealous）的神；恨（hate）我的，我必追討他們的罪孽，自父及子，直到三四代[2]。」這麼「自私、嫉妒、遷怒」的神，值得尊敬嗎？

後面六誡也只是「常識」，包括更早的中國和希臘等地，均存在類似或更好的民俗規範。人類社會演化至今，早該更新修訂十誡，例如，其一誡為「掃蕩迷信與禁止宗教戰爭」。

當今台灣佛教組織慈濟基金會也模仿，要求不「殺生、偷盜、邪淫、妄語、飲酒、抽菸、吸毒、嚼檳榔、賭博、投機取巧、參與政治活動和示威遊行」、遵守交通規則、孝順父母。又定青年十戒，更細膩（例如，不玩股票、六合彩、電動玩具）。近代創建的宗教，會參閱諸如炒股等當前社會情況。全知耶和華卻不知兩千年後會有股票需放在十誡內？

宗教的迫害與被迫害

早期的基督教為群眾運動，信徒遍布各階層。初期教會被外界視為祕密組織，猶太人視耶穌為外道，教會為異端，常常向羅馬當局控告他們，迫害包括火刑燒死、被野獸吃掉。羅馬帝國皇帝戴克里先（Diocletian，250～312）嚴酷迫害基督徒，有教堂將戴克里先即位的年份（284年），視為殉道時期的新紀元。380年，基督教成為羅馬帝國的國教。相反地，其他信仰就成異端或邪教，而遭迫害。

1993年，斯堪地納維亞半島發生多次的焚燒教堂和殺人，肇事者自稱為異教徒，試圖推翻幾百年來基督教的宗教壓迫。

在中世紀，反猶太主義的主因是宗教，許多基督徒認為耶穌遇

---

[2] 印度甘地說：「以眼還眼，世界只會更盲目。」南非曼德拉說：「當我走出囚室、邁過通往自由的監獄大門時，我已經清楚，自己若不能把悲痛與怨恨留在身後，那麼我其實仍然在獄中。」耶和華的境界差，實該慚愧。

害，要由猶太人負責。1213年，教宗決定[3]猶太人及伊斯蘭教徒穿著特別服裝或徽章，以便和基督徒區分。將近1千年來，此思維導致猶太人受恨與受害。另外，由於猶太教徒認為救世主尚未來臨，不承認耶穌基督是救世主，這也讓基督教迫害它。

> 人人要向我屈膝下拜；眾口要宣誓對我效忠。
>
> ——《聖經》賽45:23

教宗本篤十六世（1927～），曾任前身為「宗教裁判所」的教廷信理部部長，辯護教廷對伽利略（Galileo Galilei，1564－1642）的迫害，實為「理智與公義」。2006年，他批評伊斯蘭教先知穆罕默德，「以利劍傳播教義，帶來邪惡」；引起全球穆斯林強烈反彈。

在印度與巴基斯坦，迫害與宗教戰爭，也發生於不同教派間，就如中東民族與愛爾蘭民族，均為「自家人手足」的宗教戰爭。

> 基督徒認為耶穌犧牲自己以救贖人類，祂真死嗎？神全知全能怎會死？神說「人子將被出賣，被釘在十字架上」，他只是「演戲」，釘死在十字架上的悽慘情景只為震撼人心。但任何神的影像觸犯十誡的第二誡。耶穌拋下信徒與多災多難的人間，而飛奔天堂樂園去，哪算犧牲？因為亞伯拉罕教，2千年來，人間增添許多宗教迫害與戰爭，神的救贖其實是詛咒（curse，《舊約》的最後一字）。
>
> ——沃克，《黑暗的聖經》

---

[3] 其他決定包括，接納聖餐禮的「化質說」（餅與酒經祝謝已成基督的血與肉）為正統、建立異端裁判所、限制贖罪券的頒放。

▼義大利天文學家伽利略主張日心說，被教廷異端審判庭判「有強烈異端嫌疑」，被迫放棄地球圍繞太陽旋轉的理論時，伽利略喃喃說「但是，地球依然在轉啊」。義大利天文學家布魯諾堅定支持日心說而被教廷燒死，受刑處現立雕像紀念。
圖片來源：維基百科

「殺生」的真義？

　　我們每走一步，就有無數的微小動物，在腳下無辜地死亡；飲水吸氣亦然。

　　佛教認為，殺生指殺害「有情識」的生物，但草木則無情識，因此吃素不算殺生。醫生利用動物做實驗時，有殺生的行為，但沒有殺生的心念，可用懺悔發願補救，例如為動物祈願，減輕自己的罪業。醫生替病人打一針，都會殺死很多的細菌，但志在救人，不算殺生。雖然殺人、殺死蟑螂、老鼠、蚊蟻等，都是殺生，不過，佛教不殺生，主要是指不殺人。殺害蟑螂蟲蟻，屬於惡作，雖有罪，但可通懺悔補救，將功折罪，例如放生護生來滅罪。另外，寺院鼓雖是動物皮製成，但對使用者而言，它只是一個物品，因為沒有生命，構不上殺生罪。

　　古教徒不解生物學，今日教徒只好「護短」而硬拗。為何天花病毒殺死人，但不受神佛責備與制止殺生？另外，放生導致嚴重生態問題呢？至於自然界「大魚吃小魚、小魚吃蝦米」之類的「食物鏈」，就是殺生，只是宗教界不解。

　　佛陀與弟子都不禁肉食，亞洲日本與蒙藏等地區規矩都如此，佛與弟子過乞食的生活，就隨緣飲食不禁肉食，認為雖肉食並不犯殺生戒。不肉食是中國佛教徒的認知。

巴斯卡的賭注

　　十七世紀法國哲學家巴斯卡（Blaise Pascal），提出「巴斯卡的
賭注」（Pascal's Wager），亦稱「信仰的賭注」，認為信神與否可
看成是人生重大的賭注，如果相信有神的存在，賭贏了可獲神相
助，若賭輸了也不會失去什麼；然而若不信神的存在，賭贏了只
滿足情緒，而賭輸卻將失去來生福祉。英哲羅素批他「功利、主
觀」，一廂情願認為信仰宗教可得到永生盼望。

　　神隨便「開不可能的空頭支票」：「凡祈求的就得著、尋找的
就尋見、叩門的就給他開門。」但諸如，每年約10萬個基督徒被殺
害，連教宗祈求基督徒安全均落空，你我凡夫俗子期望神「叩門的
就給他開門」嗎？門都沒有呢。

　　神的話不能當真：「當將你的事交託耶和華，並倚靠他，他
就必成全。你無論往那裡去，耶和華你的神必與你同在。叫愛神
的人得益處。出於神的話，沒有一句不帶能力的。你們看那天上的
飛鳥，也不種，也不收，也不積蓄在倉裡，你們的天父尚且養活
他。」諸如麻雀等鳥竊取農夫稻穀與蔬果，神為何拿來當典範？環
顧世上災難（包括教堂毀損與牧師被殺），神可倚靠嗎？

　　為何全能神為己地位，還需威脅利誘？「不要稱呼地上的人為
父，因為只有一位是你們的父，就是在天上的父。人到我這裡來、
若不愛我勝過愛自己的父母、妻子、兒女、弟兄、姐妹和自己的性
命、就不能作我的門徒。你若不聽從耶和華你神的話，不謹守遵行
他的一切誡命律例，就是我今日所吩咐你的，這以下的咒詛都必追
隨你，臨到你身上。耶和華要用癆病、熱病、火症、瘧疾、刀劍、

旱風、霉爛攻擊你，這都要追趕你直到你滅亡。信子的人有永生；不信子的人得不著永生，神的震怒常在他身上。若不藉著我，沒有人能到父那裡去。」

神是獨裁男嗎？「女人要沉靜學道，一味的順服。我不許女人講道，也不許他轄管男人，只要沉靜。且不是亞當被引誘，乃是女人被引誘，陷在罪裡。」

門徒問耶穌，人生來瞎眼，是此人或父母犯罪呢？耶穌居然說，只是要在他身上凸顯神的作為。神說信徒手能拿蛇（又要引誘女人犯罪嗎？），喝致死毒物，也絕不受害。2004年和2006年，在烏克蘭、台灣、澳洲墨爾本各有基督徒闖進動物園獅子籠，分別要神保護他不被獅子攻擊，高喊「耶穌救你」及高舉《聖經》。結果1死1傷1獲救。原來有段經文講述，但以理被丟進獅子坑，卻因對神的信心而得到神的保護不被獅子咬傷；結果，上述3信徒有樣學樣。全知全能神為何沒保佑信徒？

神的作為慘不忍睹

因被嘲笑，'奉耶和華的名咒詛他們，於是有兩隻母熊從林中出來、撕裂他們中間42個童子。要死的由他死，要喪亡的由他喪亡，餘剩的由他們彼此相食。慈悲的婦人，當我眾民被毀滅的時候、親手煮自己的兒女作為食物。各人喫自己兒女的肉，和鄰舍的肉。他們必割去你的鼻子和耳朵，你遺留的人必倒在刀下」（王下2:23-24）。

神說：「我與你為敵，我必揭起你的裙……使列國看見你的赤體，使列邦觀看你的醜陋。你們要與你們的母親大大爭辯……叫他除掉臉上的淫像、和胸間的淫態。」

神的缺陷實在罄竹難書，例如：「且要把他們丟到火爐裡，在那裡必要哀哭切齒了（太13:42）。耶穌一再重複哀哭切齒字眼，讓讀者懷疑，是否耶穌有虐待狂，否則不會一再提。地獄之火的懲罰，也許是造成人間多年來殘酷折磨的原因之一。「污靈便出來，進入豬裡去；於是那群豬闖下山崖，投入海裡，約有二千，都淹死在海中」（可5:13）。為何全能的神這麼虐待豬？「耶穌餓了。遠遠的看見一棵無花果樹，就走過去，到了樹下，除了葉子以外，甚麼也找不著，因為不是收無花果的時節。耶穌就對樹說，不再有人喫你的果子，直到永遠」。（可11:12）。這樣的耶穌怎值得崇敬呢？

——羅素

神說：「因為我來，是叫人與父親生疏，女兒與母親生疏，媳婦與婆婆生疏。因萬軍之耶和華的烈怒，地都燒遍，百姓成為火柴。耶和華必從天上以雷攻擊他。嬰孩必被摔死、孕婦必被剖開。」

> 姬蜂幼蟲寄生在鱗翅目幼蟲內，母蜂在產卵前會先分泌毒素麻醉宿主，讓宿主無法動彈，姬蜂幼蟲孵化出來後開始分階段享用宿主，首先是不致命的豐肥體軀和消化器官，讓宿主繼續活著；最後，姬蜂長得差不多了，才蠶食維生重點的宿主心臟和中央神經系統。這讓達爾文擲筆三嘆：「這世界有太多悲慘苦難，為何慈愛又全能的神竟會創造出一大群如姬蜂的生物，擺明就是要在鱗翅目幼蟲內啃食。」
>
> ——古爾德（Stephen Gould，1941～2002）
>
> 哈佛生物學家

《聖經》一再反映神的邪惡：神因伯示麥人擅觀他的約櫃，就擊殺5萬多人（為何中文版寫70人？）（撒上6）。殺死不信者、異教徒、無辜者（申2、申12、申13、啟14、結9、書6）。創造邪惡（賽45）；丟石殺人（書10）；燒殺與歧視女性（利21、申25）；吃糞尿（王下18）、糞便潑臉（瑪2）；要求私生子不得加入聚會（申23），但神是私生子。

美妙的教義

　　長達1千多年，多少賢達志士集中智慧形成《聖經》，例如：
〈路加福音〉有個寓言，描述法律教師問：「誰是我的鄰人呢？」
耶穌以故事回答：某猶太人被強盜打劫，重傷於路邊；有同屬猶
太的祭司和利未人路過，但不聞不問；但有與猶太敵對的撒瑪麗
亞人[4]路過，卻慈祥照應他；則誰是鄰人呢？今天，「好撒瑪麗亞
人」（Good Samaritan）意指「見義勇為者」。該寓言還影響今日
一些國家制定「好撒瑪麗亞人法」，例如，在美加，搶救傷者後，
若對方死亡，可免刑責。

　　似乎，世人最喜歡的《聖經》字句為：

> 「愛是恆久忍耐、又有恩慈，愛是不嫉妒、愛是不自誇、不
> 張狂、不作害羞的事、不求自己的益處、不輕易發怒、不
> 計算人的惡、不喜歡不義、只喜歡真理。凡事包容、凡事相
> 信、凡事盼望、凡事忍耐。愛是永不止息。」

何其溫馨感人。

　　《聖經》好話不少：「人在最小的事上忠心，在大事上也忠

---

[4] 在猶太人心中，撒瑪麗亞人常帶貶義，因北國以色列撒瑪麗亞人崇拜偶
像，與異族通婚，而不為南國猶大王國人認同；他們雖然是兄弟，但數百
年的分裂、競爭、戰爭，早已成了仇敵。耶穌用這個寓言說，評鑒別人的
標準是人心而不是身分，猶太人自己的祭司和利未人見死不救，但宿敵卻
成救命恩人。

心;在最小的事上不義,在大事上也不義。為什麼看見你弟兄眼中有刺,卻不想自己眼中有梁木呢?流淚撒種的,必歡呼收割。私慾既懷了胎,就生出罪來。忘記背後,努力面前的。不可含怒到日落。不要為明天憂慮,因為明天自有明天的憂慮;一天的難處一天當就夠了。喜樂的心乃是良藥;憂傷的靈使骨枯乾。施比受更為有福。一粒麥子不落在地裡死了,仍舊是一粒,若是死了,就結出許多子粒來。凡自高的,必降為卑。」

《古蘭經》嘉言例如,「積富競賽,已使你們疏離,直到你們親臨墳墓。你們中最優秀的人就是善待妻室的人。」佛教也有名言,例如,「諸惡莫作,眾善奉行。苦海無邊,回頭是岸」。

至情至性的祈禱文

美國名將麥帥(Douglas MacArthur)的名著〈為子祈禱文〉,實在動人心弦:

▼美國名將麥帥。
圖片來源:維基百科

▼溫馨有力的祈求神助,德國畫家杜勒名作「祈禱的手」。
圖片來源:維基百科

　　主啊！請陶冶我兒子，使他成為一個堅強的人，能夠知道自己什麼時候是軟弱的；使他成為一個勇敢的人，能夠在畏懼的時候認清自己，謀求補救；使他在誠實的失敗之中，能夠自豪而不屈，在獲得成功之際，能夠謙遜而溫和。……不要引導他走上安逸舒適的道路，而要讓他遭受困難與挑戰的磨鍊和策勵。讓他藉此學習在風暴之中挺立起來，讓他藉此學習對失敗的人加以同情。

　　請陶冶我的兒子，使他的心地純潔，目標高超；在企圖駕馭他人之前，先能駕馭自己。……充分的幽默感，使他可以永遠保持嚴肅的態度，但絕不自視非凡，過於拘執。請賜給他謙遜，使他可以永遠記住真實偉大的樸實無華，真實智慧的虛懷若谷，和真實力量的溫和蘊藉。然後，作為他的父親的我，才敢低聲說道：「我已不虛此生！」

宗教勸人為善嗎？

　　黎巴嫩裔加拿大心理學家諾仁惹恩（Ara Norenzayan）寫書
《神老大哥：宗教如何轉變合作與衝突》，主張宗教促進陌生人間
的合作，因為大家知道神在看，因此，人就變善良，而為現代文明
鋪路。但今天世界上，最具凝聚力與和平的國家，也是最不宗教化
的國家（主要在北歐），因已經長大成熟而超過門檻，不需神老大
哥就可促成合作行為，「爬上宗教的梯子，超越而丟棄梯子」。

> 人的倫理行為實應基於同情心、教育、同為社會一份子，而
> 不需考慮宗教。若因顧慮宗教所說死後會有獎懲而改變行
> 為，則實在不可取。
>
> ──愛因斯坦

　　著名雜誌《講義》經常刊載某牧師專欄，談做人處事的故事，
文中大抵是「誠如《聖經》所說……」，以宣揚其宗教。又有證嚴
法師專欄，教導生活規矩，文中也指向佛經。人生規範掛名「神」
就更有權威？更易讓人接納？
　　《舊約》中有許多神命令殺人的例子，難怪狂熱的信徒抬出神
的名義殺人，例如，1995年暗殺以色列總理拉賓（Yitzhak Rabin，
1922～1995）的阿米爾（Yigal Amir，1970～）在法庭說：「我所做
的每件事，均為神。」1994年，有個美國人殺害墮胎醫生，臨刑前

說：「因我服從神旨，我期待到天堂接受獎賞[5]。」荷蘭導演梵谷（Theo van Gogh，1957～2004）的電影，描述伊斯蘭社會對婦女的暴力行為，而遭伊斯蘭教徒暗殺，暴徒在受審時說，「我所為純出於信仰，神旨要我割除侮辱神者。」

英國劍橋大學哲學教授布雷克本（Simon Blackburn，1944～）在其書《倫理學簡介》中提到，古來宗教教義反映，創教時的社會風俗習慣，例如，印度教的種姓制度、亞伯拉罕教貶抑女性。

依良知而非教義以行事

神不知今天流行民主自由、女男平權，因此，《聖經》中付之闕如。《聖經》欺壓奴隸：若妻子是主人給的，則她與兒女全屬於主人（出21:4）；奴僕要事事討主人的喜歡（多2:9）。美國在內戰前，就以《聖經》當擁有奴隸的藉口；提出廢奴的基督徒，反對教義，改依自己良心行事。天主教徒擁有奴隸，教廷在1888年才譴責奴隸制度（此時各基督教國家早已放棄奴隸）。

> 在美國國會中，《聖經》經文被拿來捍衛買賣黑奴。馬克吐溫描述他的母親，是個真正的好人，其心地之善良，甚至憐憫撒旦，但從不質疑奴隸制的合法性，因多年居住密蘇里州，她從沒聽過任何反對奴隸制的教義，只聽過無數的傳道者鼓吹「奴隸制是神的旨意」。
>
> ——溫伯格

---

[5] 信徒樂意殉道，因為神在天堂相候。基督教會首位殉道者信提司提反被亂石打死前，自覺聖靈滿溢，看見天上神的榮耀，又看見耶穌站在上帝的右邊，「我看見天門開了，人子站在上帝的右邊」（使7:55-56），但死前還要祈求耶穌接收其靈魂。

　　和馬克吐溫母親類似的「真正好人」是，美國哈佛醫學院教授葛魯曼（Jerome Groopman），溫文儒雅，他認為科學中性而沒有道德價值指引，而以《聖經》當道德生活的依據，尋求對與錯的指導與生命的意義；科學並不教人愛鄰如己，熱力學中並無十誡；但葛魯曼有時會懷疑信仰。可知，他只看到宗教的道德守則部分，忽視其怪力亂神部分，因而支持宗教，亦即，他認知的宗教教義只是「道德」。另一位傑出科學家也是：

　　「我怎會信神？」因為神愛我們，也要我們彼此相愛。至於「為何我信神？」則因世界這麼美麗與賦予生命力，應為智慧的神創造出來的。我相信愛，因為我相信神就是愛。我也懷疑神的存在，因為世界上存在醜惡、無辜孩童受難等。但最終，我就是信神；如希伯來作者所言：「信仰為希望之物、未見事物的證據。」

　　　　　　　　　　──菲立普斯（William Phillips，1948～）
　　　　　　　　　　諾貝爾物理獎1997年得主

　　今天，有良知的信徒，不會全遵教義所言，殺死所有異教徒或保留處女自己享受；此良知也是非信徒的行事依據。教廷反對避孕，許多美國天主教徒自會「私底下依其價值觀」行事，而忽略教廷的指示。因此，人的良知理智勝過神旨。

倫理道德來自社會演化

2013年，美國耶魯大學心理教授布倫（Paul Bloom）出書《只是幼兒：善惡之源》，說明人有天生的道德能力，例如，幼兒三個月大，似乎就會「分辨」好壞人；一歲大時，會「懲處」壞人。

同理心為道德行為的關鍵基礎，演化出「互惠、利他、合作」。道德的本質在於觀點的互換：己所不欲勿施於人；推己及人。無需神介入，單純的邏輯推導，即可知如何讓彼此更好過，或說「要怎麼收穫就那麼栽」。另一關聯的天生機制為「親屬選擇」（kin selection），人可為親屬犧牲自身。

2004年，曾任美國心理學會主席的正向心理學之父，塞利格曼（Martin Seligman，賓州大學心理系教授）指出，古來，有些美德存在於所有的團體中。道德觀是演化的結果，在個人、團體層次均有。古來，人類文明一直累積，至今全球化的經驗，已產生諸多的倫理道德規範。

> 愛因斯坦的《我所看見的世界》，愛因斯坦想盡量給聽眾一個印象：即他的貢獻不是源於甲，就是由於乙，而與愛因斯坦本人不太相干似的。就連那篇亙古以來嶄新獨創的狹義相對論，並無參考可引，卻在最後天外飛來一筆，「感謝同事朋友貝索時相討論。」這種謙抑，這種不居功，科學史中是少見的。無論什麼事，得之於人者太多，出之於己者太少。因為需要感謝的人太多了，就感謝天罷。
>
> ——陳之藩（1925～2012）

▼孔子（德國柏林）。圖片來源：
維基百科Havelbaude

《在春風裡‧謝天》

耶穌尚未誕生，佛教也還沒傳入中土前，孔子思維洋溢智慧與至理，例如：「釣而不網、弋不射宿（不射鳥巢）；志於道、據於德、依於仁、游於藝；浴乎沂、風乎舞雩、詠而歸；不義而富且貴，於我如浮雲」。比耶穌早三百年的孟子，發揮「惻隱之心、羞惡之心、辭讓之心、是非之心」的人性善端論，以提攜社會，而非設計「天堂與地獄」獎賞與恫嚇無知者。當時的「大同」境界甚高：天下為公，選賢與能，講信修睦，故人不獨親其親，不獨子其子，使老有所終，壯有所用，幼有所長，鰥寡孤獨廢疾者皆有所養……。

孔子主張「學而不思則罔、思而不學則殆」，類似當前的「明辨思考」（critical thinking），為解析諸如信仰問題的利器。其「不語怪力亂神」，真難得，因世界古文明中，中東、埃及與印度飽受鬼神的制約與宗教戰爭的蹂躪，中國則無宗教戰爭，孔子實在高竿。

教義說好壞結果由神掌控，但神可受影響（人祈禱祭拜等）。基督徒不好意思要求神介入現世事件，而希望來世得到優惠。

——懷特（Robert Wright），2009年
美國賓州大學宗教教授

史來，許多人犧牲生命救護陌生人，就如二次世界大戰時，德國管制區藏匿保護猶太人等可歌可泣的故事，但教廷並無作為，因缺神護佑、自身難保。1947年台灣228事件後，外省人如過街老鼠，但有許多居民護衛外省人，卻未聞神威護民。總之，善行不需宗教神。

科學的證據：不需神力

若需由宗教解釋人的道德能力，則如何解釋缺乏道德能力的譫妄症（呈現被害妄想或幻覺「見鬼」）、額葉症候群（漫無規矩等）、顳葉症候群（人格與智能變差等）、間腦症（脾氣暴發等）？

科學家於1996年發現鏡像神經元（mirror neuron），它是動物觀察其他個體行為時發射的神經元，模仿或稱「鏡像」反映其他個體的行為，有如自己在動作；這和瞭解對方動作有關，也和理解他人情緒的同理心有關。體驗和感同身受在社會行為的演化中，可導致道德觀。這種神經元已在靈長類、鳥類等動物身上發現。對於人腦來說，在前運動皮質、運動輔助區、第一軀體感覺皮質、頂葉下皮質等，都找到了這類神經元。

從事「道德決定」的神經網絡，和瞭解別人意圖與情緒狀態（同理）的神經網絡互相重疊，因此，道德推理涉及從他人觀點看事物、解讀人的感受。從事是非決定時，會活化前額葉皮質；直覺地反應隱含道德成分時，會活化顳頂交界區。

干擾大腦運作就能左右一個人的道德觀，例如，2010年，美國國家科學院刊有報告指出，用磁場干擾右耳後上方的大腦「右顳頂交界區」活動，阻礙這個部位神經活動的正常運作，而會改變受試者的道德判斷，例如，沒造成傷害就沒錯的心態。

　　2013年，36歲的加拿大人羅琳絲（Kim Rollins，自15歲起就罹患厭食症），因瀕臨死亡，而接受腦深層電刺激治療，阻斷引發厭食症的異常神經信號，導致對食物的正面反應，她說：「忽然間，吃東西不會讓我有罪惡感或焦慮。」因此，腦的「電子醫藥」有助於「正常思維」。

> 　　我們有意識、做決定、去睡覺、生氣、害怕、希望、愛等，均只是腦的功能；可說是「神經存在論」（neuroexistentialism）。
> ——邱吉蘭（Patricia Churchland）
> 美國加大哲學教授

早在幼稚園就已學過

　　美國作家傅剛（Robert Fulghum，1937～）於2003年，出書《所有該學的，早在幼稚園就已學過》指出：與人分享；玩遊戲要公平；不要打人；物歸原處；清理自己的髒東西；不要拿別人的東西；傷人時要說對不起；吃東西前要洗手；學習、思考、畫畫、唱歌、跳舞、玩樂、勞動等均衡的生活；外出時注意交通安全；永保好奇心；魚等生物都會死，我們也一樣都會死。

　　宣稱宗教教人為善，只講對教義的一部分，而其實不必來自宗教，其他文明早已包含。佛法「博大精深」嗎？諸如其「輪迴」只是誤解生物學、其「無明」只是術語、其「唵嘛呢叭咪吽」只是常理。通俗心理學或《伊索寓言》應更易懂、有趣、實用。

人就是需要監管

人就是需要監督，否則會出問題。例如，網路上，因可匿名行事，缺乏「警察」監督，結果，謾罵與霸凌當道。

> 在浪漫的20世紀60年代，加拿大以「和平靜謐」自豪。家父母說社會若缺保護將亂如地獄，我則熱切擁護無政府主義而對此嗤之以鼻。好啦，考驗我們爭論的時機，終於在1969年10月17日早上8點來臨，當時蒙特婁警方開始罷工。上午11點，有人搶劫銀行。到了中午，因為洗劫，大部分市區商店已經關閉。再不久，計程車司機燒毀出租車公司、狙擊手殺害警察、暴徒闖進餐廳、醫生在家殺死竊賊。到傍晚，6家銀行被搶、百家商店被劫、12處遭縱火、擊毀店家玻璃已達40卡車量；財產損失已達加幣3百萬元。市政府只得召請軍隊和騎警來恢復秩序。
>
> ——平克（Steven Pinker，1954～），哈佛心理教授
> 〈警察罷工後的社會如何了？〉

人生百態，有些人需要鬼神提醒，例如，宋元時期的〈文昌帝君陰騭文〉，以文昌帝君的口吻列舉古人事例，說明善有善報、惡有惡報，「近報則在自己，遠報則在兒孫」的因果報應。

全知與介入人間的神，判斷人的行為，這就促進陌生人間的合作。在宗教社會，不認為有神在監視者（無神論者），不

會行善。

──諾仁惹恩

社會需誰監管呢？對於遠古的無知者，鬼神管用，但今日則否，否則各宗教建物不需重鎖保護。最終還是得回歸法律與警察等務實的人間作為。人生百態，有行惡者就有行善者；為減少社會損失，教育與賞罰並行；君不見路上與銀行，到處都是警察部署的監視器？

「聰明人」不怕因果報應，只怕法律，因他們早已看穿因果報應跟他們行為一樣，不過是欺世惑眾的工具。

──王溢嘉

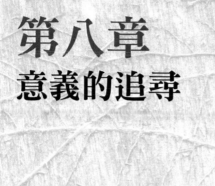

第八章
意義的追尋

各自詮釋意義

　　南唐李後主寫詞〈漁父〉：「一棹春風一葉舟，一綸繭縷一輕鉤，花滿渚，酒滿甌，萬頃波中得自由。」漁翁悠然自得。但是，同樣看到江上漁翁，北宋范仲淹寫詩〈江上漁者〉：「江上往來人，但愛鱸魚美，君看一葉舟，出沒風波裡。」捕魚風險高。

　　2012年，名作家于國欽指出，即時對同一事物，各人認知可能不同：范仲淹的理念是先天下之憂而憂，看到漁者為維持家計而出沒於風浪，悲憫之情油然而生，而李煜身在帝王家，遊戲人間，筆下是不盡的自在得意。映入眼簾同樣是江上的漁者，然在兩人的看法不同。世事大抵如此，立場與環境不同時，對同一事物的解讀也可能不一樣。

　　通常受到教徒的慈惠，一些人臨終前信教；則一生只有最後一刻才有意義嗎？到底生命的意義何在？卡在神手上或人可自由得悉？

　　二次大戰時，奧地利維也納大學的神經精神病學教授法蘭可，全家被德國納粹關入彷如人間煉獄的集中營。法蘭可倖存，獲悉除了妹妹，其餘均死於毒氣室，他領悟「若人一下子遭遇這麼多苦難和考驗，一定有其意義。我是為某事而存在的」。集中營的大部分囚徒關心的是：「我能活下去嗎？若不能，則所有的受苦沒有意義。」但是對於法蘭

▼意義治療法始祖法蘭可。
圖片來源：維基百科Prof.
Dr. Franz Vesely

可，問題是：「包括死亡威脅等的所有受苦，有何意義呢？」後來，他出書《意義的追尋》。

法蘭可早曾申請赴美，也收到通知領簽證，但他面對難題：若赴美，因父母將被送集中營而親子永別。此際他需神給指引；偶見一塊石頭上有十誡之一的「尊敬父母」，於是，他留下來陪父母。

> 我留在祖國和父母在一起，而讓美國簽證過期失效。或許留下來的決定早已存在我內心深處，那個石頭上的神諭實際上只是我良心的迴響而已。
>
> ——法蘭可

法蘭可認為找到意義時，受苦就不再成為受苦。但是受苦不是尋求意義所必須的，而是即使不可避免的受苦，也可找出意義。法蘭可以3種可能性找出生命的意義：首先是做一件事，亦即成就一種創造；其次是一種經驗亦即人的互動與相愛；第三是面對無法改變的命運，例如罹患無救的癌症，即使如此，我們仍能賦予生命意義，將苦難轉化為成就。

> 2002年，被綁架的美國婦女絲瑪特（Elizabeth Smart）獲救時表示，強暴的污名與自覺無用，讓受害者無意逃跑；她自小的宗教教育讓她自覺已被強暴則「不純」，因此不想喊叫求救或逃離綁架者，因獲救後有何差別？生命已無意義。她的綁架者讓她自覺「毫無價值」，即使逃脫，別人也不會愛她。她的靈魂已被粉碎，已經不是人，沒人在乎她，生命沒有意義。
>
> ——美國媒體報導

不同生命事件詮釋的極端例子是，1975年，美國賓州大學心理教授塞利格曼提出「學得的無助感」（learned helplessness），累積很多次的沮喪會成一種無助感，「無論你怎麼努力都於事無補」，這種絕望的心境是由制約學習來的。哀莫大於心死，不幸地，有些教誨會誤導人。

各人對生命的解讀有差異，例如，林語堂說，一個人徹悟的程度就如他所受痛苦的深度。又如孟子對逆境的詮釋為「行拂亂其所為，所以動心忍性，曾益其所不能。」而德國哲學家尼采則是「知道為何而生者，幾乎可忍受任何苦楚。」諸如納粹集中營那樣極端的環境，激發人深度思索生命的意義，結果，誕生了法蘭可醫師的意義治療法。

每人均可賦予人生意義，就像《世說新語》中的「兩頭蛇」故事：楚人孫叔敖每天到田裡工作，有天忽見兩頭蛇，想起聽說，看到兩頭蛇的人，不久就會死掉，傷心地就要走開。突然想到，若也被別人看到，別人也活不成，就將它打死，並挖洞埋葬。回家後，母親安慰他：「你真是個善良的好孩子，這麼小就能替別人著想、替人除害，將來一定是個有作為的人。其實，看到兩頭蛇會死，不過是一種傳說，並不正確。」還好，有賢母的優質詮釋，孫叔敖不至於憂慮，後來，他成為楚國傑出的宰相。

自創意義

宗教能提供生命的意義嗎？基督教徒認為「人從哪裡來？目的何在？死後去哪裡？」是三個迷惑世人的問題，需宗教回答，而其答案是「人是神創造的、目的在榮耀神、死後到天國或地獄」。但第一個答案已被近代生物學推翻，第二個答案則凸顯神的自我中心與虛榮，至於第三個答案，則毫無證據，居然主宰世人2千年。

　　信仰神之所以吸引人，因為人想知道世界從哪裡來？生命的
基礎是什麼？心靈如何從肉體中出現？為何人需要道德？但
是人知道的越多，就越不需以神解釋。其實，我們應將「世
界從哪裡來？」改問為「神從哪裡來？」

──平克

　　詮釋的彈性，就如對於「半杯水」的詮釋，一些人看成「只
剩」半杯水而哀嘆，但有些人認為「還有」半杯水而歡呼。
　　人要自創意義與價值，自己定義一生。認為無宗教就無生命意
義者，只是懶得動腦筋。

操縱罪惡感：宗教乘虛而入

　　雖有例外，常人有羞惡之心。但不論無心或有意，人皆可能犯錯，若不能原諒自己或補救，將成為長久的心理負擔。不幸地，有些人太敏感，即使小錯也難過不已，又常自責；另有些人常被自我懷疑和無價值感包圍。

　　人常被負面記憶折磨，難怪，科學家正在研究醫藥，「修補」壞記憶或說心理創傷，例如，可消除不良記憶的藥品。

　　古來，宗教將天災人禍均歸為犯罪遭天譴，亦即神威報應。不肖的教徒深諳操縱罪惡感之道，導致無知的信徒被惡整。現代心理治療師已知治療方式，例如，以正面的思維引導，承認己過與請求原諒、不貳過、忘卻。總之，放掉負荷，讓心理自由、拾回自尊。

　　因為父母早逝或遺棄等諸多因素，一些人缺乏「被人愛（關懷）」，導致缺乏安全感；若傳教者說神愛她，則她可能容易信神。但神為何一開始弄得她父母早逝等困境呢？通常，宗教的解釋有其優點，但後遺症更多。

以己形象造神

　　當今主要宗教均已千百年，歷經千錘百鍊，方有今天宏大規模。例如，基督教吸納古希臘斯多亞學派（Stoicism），約西元前3百年提出的創世設計論；奧古斯丁（Augustine，354～430）提供的罪與恩典論。又如，伊斯蘭教受惠於阿拉伯學者赫勒敦（Ibn Khaldun）哲學。結果，若要招募信徒，琳瑯滿目的奇蹟與儀式足以臣服庶民，而哲學理論可吸引知識份子。

　　為何神像人？除了形象，神具有愛、憤怒、妒忌等各式人的情緒。早於《聖經》，古希臘人已注意到，人需以其形象造神，否則凡人如何能信服地接納神職者當神的「代言人」？又以其熟悉的方言呢喃傾訴？亞里斯多德（公元前384～322）說：「人以其形象造神。」法國哲學家伏爾泰指出，若蟑螂具有神的概念，則神就像蟑螂。

> 超自然神的言行就像人的，宗教的特徵是，其建構的神祉就像人，人將自己的特徵投射到非人事物上，這樣就方便熟悉。至於希臘神話則較像現代電視劇，可說希臘人以其形象創造神話。
>
> ——波意爾

　　人的同理心與同樣方式相互對待（reciprocal），造就人世規矩；正是同樣的能力，人創造神與設想神的各式屬性。

　　就如人性的善與惡，或文藝劇情裡的好人與壞蛋，人創造神與撒旦，以「平衡」實情，又可讓神免於為世間醜惡負責。

「全知全能」觀念害死神

　　教會設想其神有完美屬性，包含全知、全能、全愛、全在。這些屬性雖然彰顯神的威風與魅力，但也因而讓神露出馬腳。例如，古希臘哲學家伊壁鳩魯（Epicurus，前341年～前270年）認為：（1）如果是神想阻止「惡」而阻止不了，那麼神就是無能的；（2）如果是神能阻止「惡」而不願阻止，那麼神就是邪惡的；（3）如果是神既不想阻止也阻止不了「惡」，那麼神就是既無能又邪惡；（4）如果是神既想阻止又能阻止「惡」，那為什麼我們的世界充滿了「惡」呢？

> 神如果有全智和全能，並且有無限的時間來使世界臻於完善，難道創造不出比希特勒或其他殺人狂更美好的東西？要是你說神高興怎麼做就怎麼做，並沒有什麼理由，那話便說不下去了。
>
> ——羅素

　　既然全知，就不需更改；既然全能，就可更改；全知與全能兩者邏輯互斥，可知神的能力只是人為亂掰的。

　　全能的神造人，一定可讓其子民信神，但實際上全球約半數的人不信亞伯拉罕神？神創造萬物，包括善與惡；則這與神的「全善」矛盾。若依神的要求，「信神才能永生」，而表現出道德，並不是真正的道德行為，只是功利地賄賂、恐嚇。比起「好人永生」，即知高下，可知神自私而不公正。

古希臘哲學家亞里斯多德不知重力或慣性等自然定律，以為宇宙有個原動者（prime mover，亦即神），推動太陽與月亮與天空中其他星體。

> 若說神是首因（first cause），則誰創造神？這和印度教的觀點一樣，他們認為世界在一隻象背上，而這象在一隻龜背上。如果追問「烏龜又在誰的背上呢？」他們就只能支吾其詞：「還是談談別的吧！」
>
> ──羅素

首因論者可辯說神是自行創造的，則為何萬物不能自行創造？
若真要細究，原子的電子在軌道間跳躍（量子躍遷）、原子核放射性衰變等，需要首因嗎？

當好人遇上壞事

1978年，美國猶太拉比庫希納（Harold Kushner），出書《當好人遇上壞事》，以其罹患先天疾病的早逝兒為例，探討神義。結論是「神並非全能」，因若神全能，就可為了獎賞好人，而干預自然律，那麼，好人可從百公尺高樓墜地卻毫髮未傷。這個違背自然律的世界，會是個更好的世界嗎？

中文版有我國名律師陳長文的序，他兒子罹患先天多重功能障礙，但他不解神為何施害無辜的孩子？雖然他善意地詮釋，此事讓他更具同理心，因此，「神的安排，自有道理。」但全能神難道無更好方式而非犧牲兒童不可？

柯林斯堅持我們的道德直覺證明神的存在、神的完美道德、

233

神想和每個人交往；但是當被質疑無辜兒童受到海嘯或地震摧毀時，柯林斯卻硬拗，人生有限時間內的善惡觀不能當真，神的旨意是個謎。

　　　　　　　　　　　　　　　　　　──哈里斯

　　信徒自我安慰，若有苦難，必然有神的美旨，檢選我們當試驗，賜予成長機會，其他人還沒有這個機會呢，我們該為此大大喜樂！這是主應許給那些愛他之人的（雅1:12）。因此，平安是神的旨意，慘死也是神的旨意；避過雷電要謝神，被雷擊斃也要謝神。發明這些論調的教徒，實在有創意。

人生「公平」嗎？

　　若人生公平，則好人好報與壞人壞報，但現世不見得這般「功利」。另外，「塞翁失馬，焉知非福？塞翁得馬，焉知非禍？」點出人生的微妙、驚奇。

▼美國哲學家愛默生。
圖片來源：維基百科

　　倒是美國哲學家愛默生[1]（Ralph Emerson，1803～1882），想出妙招詮釋人生；他在《補償律》書中說：「從削尖一棵木樁，到構造一首史詩，或建造一個城市，均為宇宙間的完美補償做例證。例如，受傷的牡蠣，

[1]　他於1830年代的新英格蘭地區，領導「超驗主義」（Transcendentalism），重要成員包括美國哲學家梭羅（Henry Thoreau，1817～1862）等。超驗主義強調人與上帝間的直接交流和人性中的神性，不需依賴神職人員、特定儀式、法器和神壇道具。對人之神聖的肯定使超驗主義者蔑視外部的權威與傳統，依賴自己的直接經驗。

用珍珠來修補。」他反駁某牧師的觀點「在人間沒有裁判可言，惡
人得勢；好人吃苦；好人壞人都將在來世得到補償」，因其謬誤在
於，「現世」時壞人會成功、人間沒有公道。自然界可見正反兩
極，人的處境也有正反兩面，你每失掉一件東西，在另一方面必有
所得；你每得到一件東西，亦必有所失。鹿誇耀它的角而不滿它的
腳；獵人來了，腳救了它的命；後來角纏掛在叢中，反而送了它的
命。在一切事故之下都隱藏著一股深厚的補償力量。類似地，英國
詩人雪萊〈雲雀頌〉：「傾訴我們最憂傷思想的，才是我們最甜美
的歌。」

　　苦難民族若無「神」助、或輪迴觀，則如何捱過苦日子？佛教
以「一切皆苦（苦諦）、緣生緣起（集諦）」解釋。

　　「補償律」就如「萬事有神旨」般慰藉人心，就如近人說的
「吃虧是福」，反璞歸真，有時占一點便宜，有時吃一點虧，隨緣
樂活較好。

神爭功諉過

▼天花猖獗，凡人製作神像，以為可受護佑（左為西非神祇、右為印度神祇）。
　圖片來源：美國Henderson教授

　　1992年，教宗若望保祿二世聲明，對伽利略事件的處理方式表示遺憾，承認伽利略的見解，比當時天主教會中的反對者「更為正確」，撤銷對他的指控，但將他的天才歸功於神，激發他成功。教宗這樣攬功，有好事就歸之於神，但壞事呢？將支持伽利略見解的布魯諾燒死，如何歸功於神呢？

　　千年來，教徒宣稱，天花是為了懲罰不信神的惡人而來，那神為何連清白無辜的兒童也遭殃及呢？1796年，英國醫生詹納

（Edward Jenner，1749～1823），科學實驗證明牛痘有效預防天花，後來，教宗聲明「此珍貴的發現，應為人對全能神感恩的新動機」。神造天花病毒肆虐，科學家妙招救人，怎會是神的功勞？

超美山水風景，歸為神造化之功；但地震風災導致傷亡，則神不但免責，信徒還一再求神保佑與惠賜奇蹟。

魔鬼也是神所創造，全能的神為何管不住它？「它是狡猾的，躲在蛇的背後欺騙夏娃吃禁果，從而使人類犯了罪。它是個賊，在聽道者的心中將神的話偷了去。凡聽見天國道理不明白的，那惡者就來，把所撒在他心裡的奪了去」。以上對鬼神的「硬拗」宣稱，只是折損全知全能神的信譽。

2012年，美國NBA籃球賽華裔球員林書豪表現優異，談話時就提「我為神打球」、「我一切都聽從神的」等。贏球了，說是感謝神，那麼輸球呢？他贏球時，說「這是神的力量」，但輸球時，就不知是誰的力量呢？

曾志朗提到多年前，盛行「大家樂」時，許多人為中獎而求神問鬼；若中了，則將「明牌」當鬼神的威力；若沒中，則辯稱因「天機不可洩漏」。北部金山財神廟曾開出樂透號碼獎號，但廟方說，神蹟的確有，不過，不是你的就不是你的，不能強求。國人真有為鬼神發言的天份。

2009年，苗栗婦人轎車遭竊，她到土地公廟詢問，神明「指示」，車還在縣內，且會被找到，果然都應驗。但是，為何神不事先保佑她的車免於被偷走？有許多人不必問神，照樣找到車，難道又歸功於神？

2013年，山西關聖帝君來台走透透；抵達鴻海集團總部時，當地天氣立刻從陰雨綿綿轉為晴朗，在場人士皆議論紛紛關聖帝君顯神蹟。那為何之前就陰雨？故意顯神威？

無重疊教導

眼見美國人大多信神，若宗教與科學互斥，豈不經常煙硝味重？1997年，美國哈佛大學生物教授古爾德（Stephen Gould），想當和事佬，提出「無重疊教導」（non-overlapping magisteria），說科學與宗教各有正當的教導，此兩領域並不重疊，科學志在實證的領域，例如，宇宙是什麼組成？為何這般運作？宗教則志在最終的意義與道德的價值。他認為無重疊教導是個務實折衷，兩造該和平相處。

英國生物學家道金斯（Richard Dawkins）反對，若認為宇宙由超自然神創造，即為科學命題，可用科學方法驗證。若相信有奇蹟，則也是科學命題。教徒自認的大問題「我們為何在此？生命的意義何在？」其實沒有標準答案，需個人自行找出，也許隨環境或個人成熟度一直修改。宗教就能解答這些大問題嗎？沒有，只是假設與擺設神位充數。教徒以為生物太複雜而需有神設計，但達爾文的演化論，足以美妙與簡潔的解釋。附帶地，他提昇我們對科學能力的意識，在遭逢未知原因時，不會輕易地訴諸於神。

▼英國生物學家道金斯。
圖片來源：維基百科
Matthias Asgeirsson

在民智未開的古代，發明鬼神解釋自然現象，可慰藉人心，但神不知充實知識、不上進，只在神蹟和懲罰上打轉。相反地，科學求真、知錯力改、快速進步，再以正確的科學發展技術，包括發明醫藥造福世人。比較古今宗教掌管範疇，可知宗教節節敗退，若非科學，今天人類還活在鬼神的淫威肆虐

中。但鬼神總可活躍於科學之光沒照到的地方。更現實的是，只要
有天災人禍，就可存在鬼神。

　　若要避開兩者的衝突，宗教就要退出自然領域，縮到為人處事
觀，但在該觀點，從古代孔子和蘇格拉底，到今天民主自由與環保
等，見解比宗教高明多了。

宗教促進「世界末日」觀

「世界末日」加上「最後審判」的觀點，最初起源於瑣羅亞斯德教的教義：創世的瑪茲達（Ahura Mazda）將會在末日時審判世界，此概念影響亞伯拉罕教。埃及神話中也有相似的思維，審判結果包括永生或受制裁。

《聖經》的最後一部〈啟示錄〉，預警世界末日的：所有不信耶穌的人，都要在耶穌的白色大寶座面前受審，凡是名字沒有寫在生命之書上的，都在火湖裡永遠無盡的哀號。

「千禧年」就是「世紀末情結」，在每一個世紀即將結束時，即挑起信徒神經敏感情結。這來自《聖經》所言，「彌賽亞觀念」是以色列人被擄到巴比倫後，在危機存亡時刻產生的拯救期待，預言拯救者臨到百姓中間，而其記號就是「以馬內利」（神與我們同在），彌賽亞將在地上建立一個永久公義和平的國度，神為選民的以色列報仇，審判外邦列國列民。

> 999年底……有人散盡家財，等著末日到來能在神的身邊占個好位子。12月31晚上群聚梵諦岡廣場，教宗彌撒後，人均匍匐在地，顫慄的等著最後鐘響，就天崩地裂與天火襲來的末日景象。但鐘聲響過甚久，什麼也沒發生。
>
> ──南方朔，2012年
> 〈大家都在消費世界末日〉

信徒一再配合演出。例如，1950年代，美國中西部有個小教

會，教主自稱通靈，有一天宣布，神告訴她，人類罪惡已達萬劫不復，世界末日將臨，某月某日午夜神遣太空船來接教徒；於是教徒變賣家產，當夜跪拜祈禱。但午夜已過，仍無動靜，結果，教主宣布：「大家真誠的祈禱，感動了天地；我主慈悲，願意再給人類一次自救的機會。」信眾如釋重負地歡呼重生。

　　著名美國電視傳媒福音傳道者羅伯遜（Pat Robertson），在每年的新年前會宣布，神向他顯示次年發生的事。例如，在1976年底，預言世界末日將在1982年10月。在1980年5月，他說：「我保證，1982年底將是世界的審判日。」2006年5月，他宣布當年風暴和海嘯將襲擊美國海岸線，因他收到來自神的啟示。2007年1月2日，他說神告訴他，2007年會有恐怖攻擊導致的大規模屠殺，神沒說是核武器，但為類似的東西。不幸地，所有末日預言全瞎扯。2008年1月，他辯解說是信徒向神祈禱，神憐憫之故。

　　1989年，嘉南藥專教授陳恆明創立「上帝救渡眾生寺」，後來改稱「上帝拯救地球飛碟會」，是整合基督教末世論及佛教因果輪迴而創末世觀，預言中共會在1999年攻打台灣，此說源自新加坡靈恩教會，批評台灣人生活靡爛、政治腐敗，上帝要藉著中共來審判台灣。他預言上帝會派飛碟來拯救其信徒，因此吃素以開天眼，要提早上天堂取得好位子。

宗教掐住可憐的無知膽小者

　　基督教認為，離教（apostasy，不再信神）就是背棄或反叛上帝：「在那日子〔耶穌再來的日子〕來臨之前，必先有離經背道和反教的事情發生，並且那目無法紀的〔沉淪之子〕也要出現」（帖後2:3）。

　　若穆斯林放棄伊斯蘭教信仰，就是叛教，《古蘭經》雖無經文說穆斯林可傷害退教者，但是記載穆罕默德言行的《布哈里聖訓實錄》，卻說叛教者應被殺死（4:52:260等）。直到2011年，全球20國家（均伊斯蘭信仰）禁止離教；諸如伊朗等國仍設「叛教罪」，違者可被判死刑；即在不設叛教罪的國家，退教者可能受狂熱教徒恐嚇或傷害。

　　天主教信仰是，一個人受洗後就永遠是天主教徒，「聖洗聖事在基督徒身上，留下不可磨滅的精神印記，表示他屬於基督，任何罪惡也消除不了這個印記。」洗禮是一生一次的事件，不能重複也不能去除，即使他們拒絕基督教信仰、或成為異教徒亦然。但教廷卻自相矛盾，例如，將馬丁路德除教。

　　真虧教士的創意，發明此說法，永遠掐住可憐的無知膽小者，也顯示神的專制殘忍。一些無神論組織，如「義大利理性主義無神論者和不可知論者聯盟」和「英國全國世俗化協會」，提供「去洗禮」證書。有些無神論組織使用吹風機去除受洗。

　　《世界人權宣言》第18條表明，「改變宗教信仰的自由」是基本人權之一。無神論者和不可知論者謝絕「離教」字眼，代以「反

轉」（deconversion）；自由思想者（freethinkers）則認為這是「獲得理性」的結果。網站「離教者之家」聲援離教的基督徒。

1972年，美國獲獎紀錄片《瑪喬》（Marjoe，此字結合耶穌父母兩人名字Mary和Joseph），描述傳道牧師瑪喬（Marjoe Gortner），被牧師父母從4歲起培訓，教他演技與販售神聖物件，而致爆富。16歲時乃父捲款潛逃，他成為嬉皮，數年後為生活所迫，結合搖滾星演藝方式傳教，而賺大錢。後來，醒悟而離教；接著請人拍攝紀錄他「讓信徒熱情地宣告愛神、信徒感動流淚地掏腰包、感激牧師獲得救贖」，赤裸裸揭露傳教實情。

一窺古今創神祕笈

▼萬那杜貨物崇拜教福籃儀式用十字架。圖片來源：維基百科Tim Ross

　　諸如太平洋西南萬那杜（Vanuatu）共和國，世界不少地區存在「貨物崇拜教」（Cargo Cults），起源於第二次世界大戰時，美軍於太平洋小島建立臨時基地。土著看見軍艦「大船」與軍機「大鳥」吐出人員物資，很驚訝，而將美軍當神。

　　戰後，美軍離開，留下一些軍貨，土著認為這些貨物具有神奇力量，「神」（美軍）日後會回來，帶來更多貨物，給他們幸福新時代。但美軍沒再回來，結果，土著發展出崇拜美軍軍服與貨物儀式。萬那杜崇拜中心是名為福籃（John Frum）[2]的救世主，會在

---

[2]　原為John from (USA)，亦即從美國來的約翰。

天啟日帶來貨物。1957年起，每年的2月15日為「福籃日」；2007年，該教派領袖對英國廣播公司說，福籃為其「神」，終會在某年2月15日再臨。曾有英國人問其信徒：「已經過了19年，但貨物還是沒來，19年的等待不是太長了嗎？」，對方回答：「如果你們能為耶穌的到來等待2千年，而祂還沒再臨，那我可為福籃等待19年以上。」

烏托邦[3]（utopia）意指理想社會，亞伯拉罕教教的天堂，就是烏托邦，教徒期盼來此永過幸福來世。美國賓州大學宗教教授懷特提到，非洲俾格米人（Pygmy）聽到天主教傳教士介紹天堂後，質疑「你怎知有天堂？你曾死過而去過那裡？」就如聖誕老人已經失去其神聖意義，淪為娛樂小孩的神話，但相關的聖誕夜等故事，依然讓大人信以為真。

> 一人產生錯覺時，稱為精神錯亂；許多人經歷錯覺時，稱為宗教。
>
> ——皮西格（Robert Pirsig，1928～）
> 美國哲學家

看到教宗（教皇）戴冠冕、穿華服、拿權杖，煞有介事地，執行「神的代言人」事宜；或其他宗教神職者擺出儀式，讓人想起《國王的新衣》故事：騙子對國王保證，能織出最美麗與奇特的布料衣裳，凡是愚蠢和不稱職的人都看不見。國王大臣們因自己什麼

---

[3] 來自英格蘭政治家摩爾（Thomas More，1478～1535），於1516年寫的《烏托邦》（Utopia）書，虛構大西洋上的小島國擁有完美的社會、政治和法制體系。但原文（Utopía）出於希臘語，意為「不」和「地方」，意指不可能出現的理想社會和事物。

也沒看到而害怕起來，均向國王騙說自己看到極其美妙的布料。最後當騙子向國王獻上「衣服」時，國王雖甚麼也沒看見，但因不願承認自己愚蠢，依騙子的指示穿上而出巡，夾道民眾均不敢說沒看到新衣，只有一位小孩說國王沒穿衣服。

　　神職者何時清醒？「南柯一夢」源自唐代小說《南柯太守》，描述淳于棼夢中進入「大槐安國」，官任南柯太守，20年間享盡榮華富貴，夢醒一切皆空。

第九章
如何善用科學？

科學家解謎

　　科學助人正確瞭解自然現象，古來許多以鬼神解釋的疑惑，已找到真正原因。例如，奇怪的「月亮吞食太陽」，曾被視為異象與神威。西元前585年，日蝕發生於小亞細亞上空，讓交戰已5年的莉迪亞人（Lydia）和米底亞人（Medes），眼見白天隨即轉暗，嚇壞了，認為神要兩國停戰，結果迅及停戰。但希臘科學家泰勒斯（Thales of Miletus），已知日蝕是自然現象，並非鬼神作怪，不需祭司做法驅魔，並早已預測得當天會發生。今天科學算得出當時日期（5月28日），也知當地每隔375年日蝕一次。

　　類似地，彗星也讓古人迷信為怪事的預兆。英國天文學家哈雷（Edmond Halley，1656～1742），於1705年指出，1456年、1531年、1607年、1682年，出現的彗星均是同一顆，他並預言這顆彗星將於1758年重返。當這顆彗星於1758年重返時，他已過世，它被命名為哈雷彗星。1691年，哈雷試圖在牛津大學擔任天文學教授，但因他支持無神論，遭到大主教反對。

▼英國天文學家哈雷（1656-1742）、哈雷彗星（1910年）。圖片來源：維基百科

神的科學知識

　　教徒說《聖經》為神諭，則神的知識實在離譜。全知神創造
蚱蜢，卻說它有4隻腳：「只是有翅膀用4足爬行的物中⋯⋯蝗蟲、
螞蚱、蟋蟀、蚱蜢。」蛇吃土嗎？神對蛇說：「你必用肚子行走，
終身吃土。」蹄數和反芻與不乾淨有關嗎？兔子反芻嗎？「走獸中
可吃的乃是這些：凡蹄分兩瓣、倒嚼的走獸，你們都可以吃⋯⋯兔
子，因為倒嚼不分蹄，就與你們不潔淨。豬，因為蹄分兩瓣，卻不
倒嚼，就與你們不潔淨。這些獸的肉，你們不可吃。」神創造萬
物，卻數落其不潔。

　　洪水來襲，多少生物上了諾亞方舟？恐龍、北極熊、南極企
鵝、肺結核桿菌？「都是一對一對的、有公有母、到挪亞那裡進入
方舟、正如神所吩咐挪亞的。」只有一對豈不遭受近親繁殖之害？
無性生殖的生物哪需一對？水產類哪需進方舟？但為何又說「凡潔
淨的畜類，你要帶7對公母；不潔淨的畜類，你要帶1對公母。」

　　神說：「地永不動搖；日頭出來，日頭落下，急歸所出之
地。」地球是平的，而且有角：「此後我看見4位天使站在地的4
角，執掌地上4方的風，叫風不吹在地上、海上、和樹上。」以
為月球會發光：「於是神造了兩個大的光體，大的管晝，小的管
夜。」天地有根基？地震來自神怒？「天的柱子因他的斥責震動驚
奇。那時因他發怒、地就搖撼戰抖、天的根基也震動搖撼。」

　　可看見神嗎？「耶和華與摩西面對面說話、好像人與朋友說話
一般。」那為何今天不現身？但是「你不能看見我的面、因為人見
我的面不能存活。」這是什麼全愛全能神？

▼諾亞感謝上帝：洪水後，諾亞建造祭壇，上帝送來彩虹當立約的記號。
　圖片來源：維基百科

科技揭穿神蹟實為偽造

　　義大利都靈大教堂保管都靈裹屍布（Shroud of Turin），是上有類似人像面容的麻布（長4.4公尺、寬1.1公尺）。教徒認為是耶穌被釘十字架上死後，以此麻布包裹，因其血跡而清晰顯示「耶穌輪廓」，這是耶穌存在的證明。1958年，教宗比約十二世認定裹屍布是神蹟。1997年，都靈大教堂發生火警，一名消防員為了保護裹屍布而殉職。神為何沒護佑這般忠勇的信徒？

　　1989年2月16日，《自然》（Nature）期刊，有文〈以放射性碳檢定都靈裹屍布年代〉（Radiocarbon dating of the Shroud of Turin），來自英國牛津大學等，21位全球科學家指出，「碳-14定年法顯示，都靈裹屍布為中世紀的產物，約為西元1260年至1390年」。

　　2009年10月，義大利帕維亞（Pavia）大學有機化學教授加拉斯凱利（Luigi Garlaschelli）顯示，他利用14世紀的材料及技術，把麻布平放在戴上面具的學生上，在布上擦上14世紀的酸性顏料赭石，然後把麻布放在焗爐內加熱，再清洗麻布，就成功勾劃出模糊的面具輪廓，效果與都靈裹屍布相似。他們之後在布上加上血漬及水印，又在布上燒出幾個洞及製造燒焦痕迹，成功複製出都靈裹屍布。

　　2011年，義大利藝術史學家布索（Luciano Buso）指出，該布多處有數字「15」隱藏在布料中，甚至有「Giotto 15」的署名字樣，因中世紀藝術家常在作品中置入部分年代數字，以保證為真跡，可知應是義大利畫家邦多納（Giotto di Bondone）1315年的作品。

神威披靡

教會認為生病的原因是神懲罰人的罪。中世紀時,比利時醫生兼解剖家維薩里(Andreas Vesal,解剖學之父,1514～1564),勇抗教會「解剖屍體」禁令,而在1543年出版《人體的構造》。他數次被控無神論和異端,最後在宗教裁判所,被判處到耶路撒冷朝聖,以澄清其信仰。在回程途中遭遇海難而亡。

維薩里出版的解剖書內容和當時教會主張的,有差異;例如,教會說人體內有根特殊的骨骼,內置靈魂,經過最後審判而身體復活和升天時,需要這根骨骼;這是被定罪的異端會被燒死,而基督徒反對火葬的原因之一。維薩里還發現,男人和女人有相同數量的肋骨,但這違背教會教義,因神用亞當的肋骨創造夏娃,因此,男人比女人少一根肋骨。

2010年,英國倫敦牧師在教堂禮拜時,賜福給手機與筆記型電腦等高科技產品,神的恩典以許多方式送達信徒。牧師念祝禱文時,信徒高舉手機;電腦則放在祭台上。有神祝福和沒神祝福,有何差異?祝福後,產品就不被誤用做壞事?其廢棄物就不傷環境?

教徒認為神高於萬物,不能被科學研究,祈禱為「屬靈」事宜,不能科學分析;但既然祈禱影響諸如肝癌痊癒、贏球賽、下雨等實質事件,為何不能科學解析?教徒吹噓神的人間影響力,但以「神是超自然」為擋箭牌,封殺人們求證。類似的心虛瞎掰是,猶大問耶穌說:「主啊,為甚麼要向我們顯現,不向世人顯現呢?」,而耶穌回答他,唯

▼比利時醫生兼解剖家維薩里。圖片來源:維基百科

有願意謙卑領受真理和真心愛主的人，才能享受神同在之恩典（約
14：22-23）。但除了《聖經》人物，世上諸多謙卑和真愛信徒，
卻從無看過神的證據。

> 柯林斯認為科學使「信仰神」更合理，包括大霹靂理論等，
> 均指向「慈愛的、合邏輯的」神是存在的。但當受到質疑，
> 這些現象的其他解讀更可能時，甚至證據顯示，神可能是沒
> 有愛心的、不合邏輯的、或不存在時，柯林斯辯護，神存在
> 自然之外、超乎科學的解讀。
>
> ——哈里斯

愛因斯坦飽受宗教砲火

　　愛因斯坦（1879～1955）年輕時，閱讀科學書籍而開始懷疑《聖經》故事。到16歲，他決定謝絕「告解」，從此不參與宗教活動。

　　也許愛因斯坦太有名了，信仰者與非信仰者常拿他的話當擋箭牌。頗受引述的是「沒有宗教的科學是跛子，沒有科學的宗教是瞎子」，但他澄清：「關於我的宗教信仰，你所讀到的報導是錯誤的，但卻一直重複出現。我不相信個人化的神，若我有信仰，那是在科學揭露下，對於世界結構無盡的讚嘆[1]。」

　　愛因斯坦說：「我是個非常虔誠的無信仰者，不賦予自然界任何目的，或任何『神人同形同性論』。我所看到的自然界是壯麗的結構，而人只能窺視一二，這就讓人深覺謙遜；此種真正的宗教感覺和神祕論無關。對我而言，若說有個人化的神，實在不可思議而無知。」

　　教徒聽到他聲明「我不信個人化的神」後，群起圍剿他，例如，美國堪薩斯主教說：「悲哀的是，看到這位從猶太族人否認該族的偉大傳統。」天主教律師寫信給愛因斯坦：「我們對你醜化個人神的聲明深感遺憾。」俄克拉荷馬州某教會創建者說：「我相信美國每一基督徒會回應，『我們不會放棄信神與其子耶穌；若你不信美國民眾之神，請回出生地。』我全力幫忙以色列，接你來美

---

[1]　我國古代先賢也沈思過「天、神」等形而上的問題，例如，孔子說：「天何言哉？四時行焉，百物生焉，天何言哉？」所謂的「天」指「自然規律」之類。

國，而你那句褻瀆話，重傷貴國國民，遠勝於所有熱愛以色列的美國基督徒，排除反猶太論的努力。每位美國基督徒要你『帶著你瘋狂謬誤的演化論，回到你出生地德國去，否則停止摧毀歡迎你來避難的民眾之信仰』。」

柯林斯說愛因斯坦主張「神創造開啟宇宙程序後，就不理會後續的發展」，其實，愛因斯坦不是這樣主張的；如果連美國國家衛生研究院院長柯林斯都這樣認定，民眾可能更離譜了。

> 猶太教就跟所有其他宗教一樣，是幼稚迷信的化身……我認為，神這個詞，不過就是一種措辭，人類弱點的產物。《聖經》中充斥許多光榮但仍相當簡陋而且非常幼稚的傳說。
>
> ——愛因斯坦，1954年

1954年3月24日，在給一位工人的回信中說：「你所讀到的關於我信教的說法當然是一個謊言，一直流傳重複的謊言。我不相信人格化的神，我也從來不否認而是清楚地表達了這一點。如果在我的內心有什麼能被稱之為宗教的話，那就是對我們的科學所能揭示，這個世界結構的無限敬仰。」又說：「《聖經》只是傳奇而原始的文集，實際上很幼稚。無論多精妙的詮釋，都不能改變這點。」

> 我們不理解的事物，其背後的知識，以及我們對那些，我們的意識可以接受的，最深奧的推理和最美麗事物的感覺，構成了我們對宗教的虔誠。在這個意義上，且僅在此意義上，我深信宗教。
>
> ——愛因斯坦，1931年
> 《生活哲學》

▼愛因斯坦（諾貝爾物理獎得主）與印度文學家泰戈爾（諾貝爾文學獎得主）。
圖片來源：維基百科

　　1929年，波士頓紅衣主教指責愛因斯坦的相對論為「妄想引起大家懷疑神與其創造」。紐約猶太拉比郭得斯坦（Herbert Goldstein）電報問愛因斯坦：「你信神嗎？50字內我付錢。」愛因斯坦僅以25德文字回電：「我信仰斯賓諾莎的神，以自然律維持世界和諧的方式顯現，而非關注人類命運和作為的神。」據此，拉比說愛因斯坦不是個無神論者，又進一步宣稱：「依邏輯推論，愛因斯坦的理論將帶給人類一神教的科學配方。」

　　人是為別人而活，因為我們吃別人種的糧食、穿別人縫的衣服、住別人蓋的房子；我們大部分的知識與信念是藉由別人創造的語言，又由別人傳授給我們；個人之成為個人及其生

存意義是靠社會的力量。照亮我的前程，並不斷給我新的勇
氣，愉快地正視生活的理想，是真善美；若非專注於科學與
藝術，則人生對我而言是空虛的。

——愛因斯坦

1931年，愛因斯坦在美國加州理工學院演講：「科學家隨時不
可或忘，所有科技作為最關心的總是人類福祉，則我們心力的成果
將為人類的祝福，而非詛咒。」1938年給大學畢業生的建言：「所
有真正偉大和鼓舞人心的事物，均為自由心靈的結果。」

愛因斯坦在〈科學與宗教〉文中提到，宗教與科學之間衝突的
主要來源，在於「人格化的神」這個概念，它總能躲進科學知識上
未足以插足的領域。神不是駕馭於雲上的華髮鶴靈長者，而是「自
然律」。

有些人認為，神是個長白鬍子巨男，坐在高空寶座上，忙著
紀錄每隻麻雀的過錯。諸如愛因斯坦等人，認為神其實指宇
宙的規律。我不知有何令人信服的證據顯示，擬人化的教主
從隱藏的制高點監控人的命運。……若向自然律祈禱，實在
奇怪。

——沙根（Carl Sagan）
美國天文學家

柯林斯認為愛因斯坦與霍金信神，但其實不然，他們兩人使
用「神」一字，只是比喻用語，就如愛因斯坦所言「神不擲骰子」
（God does not play dice），只是比喻表示他不同意量子力學的隨機
性。但有教徒以該句反映愛因斯坦主張，一切在於神的主宰管理，

而非偶然湊巧。

> 神的存在是因為我們相信祂，若能發現與提出好的科學與哲
> 學理由以信神，許多需要者會覺得滿足與安慰；但是對不
> 起，我不信神與宗教解釋。我是個理性主義者，放棄推理而
> 代之以信仰，實在是件危險而具有破壞性的事。
>
> ——梅達沃（Peter Medawar）
> 1960年諾貝爾生醫獎得主

霍金癱瘓是神的懲罰？

　　2010年，英國天文物理學家霍金（Stephen Hawking，肌肉萎縮性側索硬化症患者，1942～）和美國加州理工學院教授姆沃迪瑙（Leonard Mlodinow，1954～），出書《大設計》指出，宇宙的創造無須神介入。結果，遭到英國天主教等各宗教人士的抨擊；網路上隨即有人說，霍金全身癱瘓，就是對神不敬的懲罰。那麼，其他癱瘓的信徒呢？但神卻讓許多歹徒健全？

　　書中論證宇宙可依科學原理而渾然天成，諸如量子力學與相對論幫助我們瞭解，宇宙可由無中生成，不須神過問。人在遇到未知現象時，總習慣以「神」解釋，但其實以科學解釋更合理，例如，克拉瑪斯印地安人（Klamath Indians）以陰間之神的憤怒，解釋火山爆發的現象，古代維京神話中，斯庫爾（Skoll）和哈提（Hati）是兩頭分別追逐太陽和月亮的狼，當他們追上并吞噬日月之後，就會發生日蝕或月蝕。西元前7世紀，泰勒斯提倡不用神靈意志來解釋自然現象，而要尋找理性解釋的理念。

　　霍金說，人死後上天堂與人有來生的說法，都是為懼怕死亡的人編造的童話。他全身幾近癱瘓，無法發聲，他形容自己「像是活在死亡的早期階段一樣」，但他樂觀表示不急著死去，還有許多事可做。霍金一再駁斥來生觀念，強調應充分發揮人此時此刻活在地球上的潛能，善用生命，活出最好。

宇宙不需神的創造

　　根據熱力學第二定律，密閉系統的總熵（entropy，亂度）與時

俱增。有神論者說，若宇宙以紊亂開始，則需奇蹟賜予秩序。在另一方面，若宇宙一開始就是最大秩序，就表示完美創造者之功。1929年，美國天文學家哈伯（Edwin Hubble，1889～1953）指出，星系互相遠離，顯示宇宙膨脹中，這提供大霹靂的早期證據，膨脹的宇宙可來自低熵，而形成局部秩序；因此，符合熱力學第二定律。宇宙的熵一直增加（膨脹），要解釋宇宙的起始（無設計的）或現況，無需奇蹟，也不用創造者。

美國夏威夷大學物理學家史坦格在《神：挫敗的假設》中指出，能量守恆，但可轉換形式，包括質能互換（使用愛因斯坦的E＝MC²公式計算）；137億年前，宇宙開始形成前，總能量為零，後來的宇宙也是，因為「負的重力能量」和「物質所具有的正能量」相等。因此，宇宙來源不需假設神的創造。

一石激起千重浪：演化崛起

1802年，英國國教副主教佩利（William Paley，1743～1805），在《自然神學》書中提到，荒地上有石頭和錶，我們會認為石頭自然存在，但錶應是為定時而設計製作的；因此，諸如人的眼等自然的物件，充分顯示為類似的設計產物[2]。佩利之言引發「智慧設計[3]」的狂瀾，弄得美國學校要求據以取代生物學，讓美國國家科學基金會頭痛不已。

▼達爾文遭受嘲諷（1871年）。圖片來源：維基百科

1831年，達爾文在劍橋大學學習神學時，讀到佩利的《自然神學》，認為它提供神存在的證明。但在1859年，達爾文出書《物種原始論》，提出天擇理論，比起神造，更好的解釋應為複雜事物可由簡單事物，經許多世代的漸進演化，

---

[2] 「鐘錶匠類比」指（1）手錶內部的運作方式是複雜，故需智慧設計者。（2）如同錶，某物（特定的器官或生物、宇宙）複雜，故必有設計者。因此，可藉由簡單地觀察某物，來判斷它是否為智慧設計的產物。但道金斯指出，如果複雜的事物必有另一更複雜的角色來設計，那麼這位複雜的設計者（如神）必又有另一更複雜的事物來設計它。

[3] 主張「智慧設計」（intelligent design），認為生命太複雜，無法隨機發生，因此需要「智慧設計者」（神）的作為才行，其理論基礎來自聖經，其推理常用來證明神的存在。科學家澄清，智慧設計論不是科學，因為其論點無法「否證」（not falsifiable），亦即，無法測試、觀察、實驗。若人與其他萬物為智慧設計、全能神的傑作，為何有些嬰兒尚未出生就流產死亡、生病；為何非洲草原如殺戮戰場？在美國，深信聖經創世教義者，要求在學校中教導智慧設計，但均在法庭上敗陣；為何神不露臉支持？

而無須設計者。因此,就是達爾文破解佩利的疑問,提出「哥白尼日心說」以來對宗教信仰最大的挑戰。達爾文的發現導致自己相當大的苦惱,因為證據顯示演化(而非神)才對,這也顯示科學家跟隨證據的範例。

但當時1862年,英國物理學家卡爾文(Lord Kelvin,1824～1907),以為太陽是個正在冷卻的液體球,經由重力收縮機制,輻射出儲藏在內部的熱,太陽的存在時間只有太短的2千萬年,天擇還不足以演化出複雜。

1905年,愛因斯坦(Albert Einstein,1879～1955)提出質能轉換方程式$E = MC^2$,顯示微量物質即可產生巨大能量。1920年,英國物理學家愛丁頓(Arthur Eddington,1882～1944)指出,該公式可解釋太陽內部核融合產生能量。1938年,美國物理學家貝特(Hans Bethe,1906～2005)闡明太陽核融合機制,而獲1967年諾貝爾物理獎。因此,核能足以讓太陽持續,以億年計,而非只有2千萬年。

20世紀之前,神學者認為宇宙物質為創造的證據,因為當時已知質量守恆,物質必須有來源。愛因斯坦提出質能互換;1世紀後,天文物理發現物質的正能量和重力的負能量相平衡;膨脹大爆炸顯示,正與負能量相等,宇宙物質與能量的產生,並無違反守恆。

《聖經》只是一本以色列歷史寓言書。巫師的咒語發揮不出電磁波,最厲害的宗教先知不懂電磁波,這不是神對他們隱瞞,而是因為巫師與先知自以為神授,但是缺乏知識。神只在2千年前的中東地區打轉,由其中人物、語言、飲食、民俗、戰爭、獎懲等可知;至於更早或更晚、中東以外的人或事則可說全然無知。

　　　　　　　　　　　　　　　　　　　　——威爾森

教徒信錯理論近2千年

直到19世紀中葉前，西方社會籠罩在「創世論」中，因《聖經》說神創造世界、一次就創造出所有的生物、均為完美的設計；生物物種是固定不變的，畢竟神是全能與全知的。

但1858年，山河變色，達爾文提出演化論[4]，推翻創世論。基督教義主張，人非自然界的一部分，而是超越自然，神依己形像創造出來的特製品，萬物中只有人被賦予靈魂。但演化論澄清，人是生物演化過程中的偶然產物，是大自然的一部分。

達爾文小時，相信神必定存在的《目的論證明》。後來認識到世界很多不同物種的特徵與習性，是《聖經》無法解釋的。例如有一種胡蜂麻痺毛蟲並在其體內產卵，卵變成寄生蟲並殺死宿主的行為，認為這抵觸了《目的論證明》中，「自然界是神善意的彰顯」的教義。1859年出版的《物種起源》，說明生物共同祖先的演化，這和《聖經》教義的神創造人迥異。早在1851年，他的女兒安妮逝世後，達爾文的信仰漸減，並傾向懷疑主義。

陷入科學良知與宗教信仰掙扎者，提出「演化論只解釋神如何創造生物，並非否定創世論」，天主教廷也是這般支吾其詞。倒是曾任牧師的美國演化生物學家阿亞拉（Francisco Ayala）認為，演化論於神學是一份禮物，因它將神在世界的殘酷、痛苦、破壞、功能設計不佳的責任撇清。

---

[4] 天擇（natural selection）指生物的遺傳特徵在生存競爭中，由於具有某優勢或劣勢，因而在生存能力上產生差異，並導致繁殖的差異。天擇而續存為「適應」；因天擇而產生分類學差異時，為「物種形成」；若因不受天擇青睞而導致族群縮小而消失，則「滅絕」。天擇的力量來自「偶然性（隨機）與必然性（確定）之間」的互動過程。

> 「創世論」與「演化論」呈現有趣的對比：《聖經》的發表
> 持續至少2百年的演化，希伯來文等原文遭受無數次的修改
> 和翻譯。但是《物種原始論》為達爾文一人的創造，在明確
> 時間點的1859年發表，即無改變。
>
> ──《新科學家》雜誌

演化的證據：鐵證如山

包括古生物學、比較解剖學、生物地理學、胚胎學、分子生物學、天文物理學等各領域，均以證據支持演化論。

從演化觀點容易解釋自然現象。例如，人體有些諸如疼痛、發燒、焦慮等的不適，既非疾病也非身體缺陷，而是演化防衛機制。人和蚊子的糾葛，即產生演化的範例：人難免陷入「成本效益」抉擇之災，鐮狀細胞基因保護人抵抗瘧疾，但卻導致鐮狀細胞貧血。

演化生物學和社會生物學研究顯示，人類道德的原始型態可在其他許多社會性的動物見到，尤其是在靈長類動物（黑猩猩等，我們的近親）。宗教教誨是在社會道德後出現。

1950年，教宗庇護十二世（1876～1958）表示，只要天主教徒承認靈魂中有神注入靈魂，則可接納演化「假說」。2009年，達爾文誕生200週年，天主教願與達爾文「和解」，承認演化論與天主教教義相容。教廷解釋：演化論與神創世論沒有牴觸，因「演化指世界依照神的旨意創造」。

美國布朗大學生物教授密勒（Kenneth Miller），為天主教徒，但反對智慧設計論。以馬為例，3千萬年來，至少20種不同的馬出現在化石中，分化出類似型態或滅絕。難道「設計者」（神）在千百萬年前，創造四五種類似的馬，然後讓它們滅絕，再創造稍微不同的幾種，再讓它們滅絕？神一再重複這些步驟，直到2百萬年前

設計了今天的馬種？之前設計的99%生物已經滅絕，因此，設計者創造生物與消滅它們「形同兒戲」。另外，神模仿演化，新物種只比前一代稍不同。

演化的例子：眼睛

教徒認為，眼睛複雜而完美，只能出自造物者的設計，不可能來自演化。達爾文還曾擔心現代的眼睛不是來自演化呢。

> 眼睛的設計如此精密，若假設可由天擇演化出，我得說這是演化論中最不可思議的部分。……然而，仔細想想，若最初的動物具備簡單且不完美的眼睛，但它的功能可讓這些動物增加生存的競爭力，於是許多介於簡單與複雜眼睛結構的過渡型，便有可能出現，再經過一連串的天擇歷程，我還是認為像眼睛這樣精密結構，的確是有可能演化出來的。
>
> ——達爾文《物種原始》，1859年

根據胚胎發育，生物的眼睛來自五億多年前的「原眼」。化石中有兩型態，一為昆蟲等無脊椎動物的複眼，由小眼組成，經其透鏡組織，集中光束到感光細胞上；此結構提供廣角視覺與適度空間分辨率，適合小體型動物。但大型動物需要提高視覺的解析度，則眼睛將太大，結果演化出相機型的眼睛；其感光細胞在眼球內壁排成薄膜「視網膜」，共用水晶體有如聚光鏡。生物演化結果，章魚具有與人類似的相機型眼睛，但感光細胞和昆蟲類似；有助於在海中光不足處看清楚。

單細胞生物的眼睛，由其內感光蛋白質組成。多細胞生物則具有接受光的細胞小斑點。經由演化，眼睛凹入成淺杯狀，光進入眼

後,集中在感光細胞上,以確定光源方向,逐漸地,眼睛深化如針孔相機。眼睛原有透明細胞防護,然後演化成透明液體,功用包括過濾有害光、增加眼睛折射率。接著晶狀體增加影像分辨力。

比較盲鰻和人類的胚胎發育,科學家發現,眼睛在遠古時代並非「視覺器官⁵」,而是負責偵測光線與調整生物的內分泌等日變節律⁶,後來才演化成視覺。6億年前,脊椎動物的眼睛還只是能分辨日夜和四季變化的「簡易感光器」;經歷1億年,逐漸演化出在光學上及神經學上細緻的眼器官。5億年前,當擁有第一隻眼睛的三葉蟲,首度睜開牠的複眼後,地球生物的光開關被打開。眼睛助益掠食者尋找獵物,眼睛降低被捕食的風險,有利物種的存續;視覺是重要的天擇壓力與演化因素。

人眼有大缺陷「內外顛倒的視網膜」,結果,光需先穿透輸出神經細胞,才抵達感光細胞,後果是造成散射,減低影像品質;其次,視網膜的血管會在感光細胞造成多餘的陰影;另外,視網膜上有視覺盲點,因內層的視神經纖維在此聚集,並穿過視網膜,從後方延伸成視神經。演化則方便解釋,脊椎動物視網膜後的脈絡膜,高速的血液流量為發散高能量光子的熱量,古早脊椎動物並不需高解析度的視覺,所以反置的網膜線路並非大問題,後來的動物繼承此設計,只好發展出其他的機制來克服先天的不良。創世設計論無法解釋,為什麼脊椎動物有反置的視網膜,而諸如章魚等頭足類動

---

⁵ 2012年,英國布里斯托(Bristol)大學科學家,發現一種7億年前水母類型的刺胞生物,形成世界上最原始的感光視覺能力,具備視蛋白(視網膜感光細胞的一種光敏蛋白質耦合接受體)。該視蛋白最初被認為「盲視」,經過1千萬年的基因演變,才具備探測光線的視覺能力。

⁶ 地球自轉產生的日夜週期,使得大部分地表上的生物,發展出生理時鐘。許多生理現象受生理時鐘控制,例如,動物的睡眠週期、體內賀爾蒙的釋放、血壓的高低、昆蟲的羽化時間。

物的眼睛有正置的網膜，但有其他的缺點。

因為先天與後天缺陷，近代科學已經發展「人工視網膜」，使用「視網膜晶片、幹細胞移植、感光蛋白通道」等科技，以恢復視覺。科學求真得以救人，不若宗教只是迷信而無力助人。

人是猴子的後裔，為何還有猴子？

創世論者質疑「人是猴子的後裔，為何還有猴子？」可知他們不解演化論，而提出錯誤的問題。首先，演化論並沒說「人是猴子的後裔」，而是人與猩猩有共同的祖先（生物均有共祖）。其次，人與猩猩和與猴子在分化後，各自演化，猴子有其生態利基（森林等）與優勢（輕盈跳躍等），人亦有其利基與優勢，各自發展成今天樣子。

創世論者質疑「自然界怎可能隨機產生複雜生物？」因為人生只有幾十年，無法想像幾十億年來，生命由簡單而複雜，就像上述眼睛演化的歷程。

另外，突變是隨機的，但天擇不是，因有害於生存的突變會被淘汰，但有利的則保留下去。

《聖經》提到，以各式動物供應亞當，滿足他的需求和目標。人類殺害其他種族的歷史已久，其殘忍讓其他動物望塵莫及。人已躍居食物鏈的頂端，其他動物屈讓人，人需要誰來節制呢？有的，就是超自然力，令人臣服區從神。

生病不是神的懲罰

　　人的疾病，並非神的懲罰，而是生理或心理等原因；但有史以來，人飽受亞伯拉罕教與佛教等恐嚇；為何全能全愛神容許「神棍」瞎掰？

　　十八世紀初，歐洲人發現人痘接種相當有效防疫，但反對者說「只有神才能決定誰活誰死，接種預防天花為放肆地竊奪神的旨意」。1979年，美國醫師韓德森（Donald Henderson，曾任我國科技顧問），領導世界衛生組織團隊根除了天花。

　　法國微生物學家巴斯德（Louis Pasteur，1822～1895）、德國醫師兼微生物學家柯霍（Robert Koch，1843～1910，1905年諾貝爾生醫獎得主）等科學家發現，諸如霍亂弧菌等微生物導致人類疾病，病媒和疾病的關係即為病原論（germ theory），接著，防止防治疾病的藥物和疫苗相繼問世；史上讓人聞之色變的傳染病，如鼠疫和

▼法國微生物學家巴斯德救人無數、巴斯德為羊接種疫苗。圖片來源：維基百科

▼德國醫師柯霍發現霍亂弧菌、古來以為霍亂來自髒空氣也無法防治。
圖片來源：維基百科

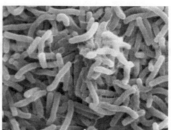

霍亂等，非因天譴，而可以科技獲得控制。

　　某佛教領袖法師認為，每個人投生到世間為人，大自然的風、火、水、旱、震災，導致蟲害、瘟疫等災禍；例如，2003年SARS肆虐我國，是因眾人的業報招感（共業）；對策是淨化身心，做好事、說好話、存好心，善的力量即能消除惡業。該教主不解病原等科學，實在是「愛心有餘、知識不足」。

同性戀

　　神說：「人若與男人苟合，像與女人一樣，他們二人行了可憎的事，必要被處死，流他們血的罪要歸到他們身上」（利20:13）。亞伯拉罕宗教把同性戀視為一種罪惡，施以詛咒。為何

全知全能神創造同性戀者？

其實，同性性行為在鳥類和哺乳動物中很普遍，例如猿，有人認為這種性行為與雄性社會組織與社會支配有關，包括監獄同性性行為、僧侶同性性行為、軍營同性性行為。

究竟性取向是天生的，還是後天的？科學研究已知其生理原因，從精卵品質到胚胎發育等過程，均可能「出錯」，造就畸形人、連體嬰、性偏離（paraphilia，性別倒錯）者等。1990年，世界衛生組織將同性戀從精神病名冊中除名。1997年，「美國精神學學會」決議，嘗試以「轉化療法改變同性戀的性傾向」是缺乏職業道德的。

1957年，英國的沃芬敦報告（Wolfenden Report）詳細解析心理學與社會學因素，是西方國家對同性戀合法化的轉捩點，很多西方文明國家已將同性戀合法化，包括允許同性婚姻、收養子女。

2012年，美國遭受桑迪颶風摧殘，一些基本教義派信徒認為，這是神要洪水懲罰東北幾州，因其支持同性戀權利，就如祂毀滅所多瑪和蛾摩拉（《聖經》所載，不忌諱同性性行為的城市）。

2013年，德國身分證開始「女性、男性、中性」三選項。2013年中，美大法官裁定「同性婚姻合法」，承認已婚的同性伴侶可享有聯邦福利，並認定加州政府不得剝奪同性戀者的婚姻權。

醫學與宗教拔河

　　諾貝爾生醫獎得主雅各（Francois Jacob）指出，古來，人類對生命的運作無所知，只好歸之於超自然的力量。近來開始發現其中原因，甚至有能力參與生命的操作。但只要有新科技，就有人抬出此「扮演神嗎？」的口號抗議，衛教之士怒斥為侵犯神的職權。

　　大約每8對正值生育年齡的夫妻中，就有1對遭遇不孕的難題，為何全能神讓這些人不孕？體外人工受精的試管嬰兒，可成全喜愛孩子，但因輸卵管阻塞問題等，無法自然懷孕者。然而反對者認為人類的生育神聖而不可褻瀆，「違反自然」的聲浪不絕於耳。2012年，教宗本篤十六世告訴不孕夫婦，避開「傲慢的」試管嬰兒胚胎植入方式生育，夫妻性愛是唯一可接受的受孕方法。既然夫妻性愛是唯一可接受的受孕方法，教廷為何接受「聖母」童女生子？教徒認為精卵結合，是「神創造新人的計劃」；但若受精卵有缺陷，長成深受疾病之苦者，則這是什麼全知全能神的計畫？神力不足，科學家出馬救人的例子甚多，例如，2013年，英國牛津大學生醫研究中心威爾斯（Dagan Wells），已研發出檢驗胚胎基因組缺陷的技術。

　　宗教是導致更多人罹患愛滋病的重要原因。2005年，教宗本篤十六世宣稱保險套不是愛滋病毒的解決方式，這就重重打擊非洲天主教國家，實在不幸。受到宗教教條影響，一些國家的同性戀法案，不會減少愛滋病毒傳染。

　　　　　　——芭爾－西諾西（Françoise Barré-Sinoussi）
　　　　　　　　　　　　　　2008年諾貝爾生醫獎得主

　　類似的是幹細胞的遭遇。1994年，反墮胎者在美國國會通過法案，禁止政府經費研究幹細胞，因認為在受孕的那一刻，聖靈賦予受精卵靈魂，因此，受精卵即為人。其實，幹細胞含150個會分裂或合併的囊胚細胞，並無腦或神經細胞，若衛道者堅持生命神聖，則諸如腦含10萬個細胞的蒼蠅更當受保護。

　　但在2012年，諾貝爾獎生醫獎頒給英國古爾登（John Gurdon）和日本山中伸彌，他們發現成體細胞能在重新編程過程中，成為具有多功能的細胞。誰還需「神聖」的胚胎幹細胞呢？謝絕啦。

思想自由

宗教思維代代傳承，自小耳濡目染，就
難改變。教育有助於理解宗教的虛實、獨立
思考；科學教育助益應更大，但仍有侷限，
就如愛因斯坦所說，鬼神總能躲進科學知識
尚未插足的地方。前北大校長蔡元培提倡
以美育代替宗教，但美育還不夠。也許最重
要的是，思想自由地「明辨思考」（critical
thinking）。

▼北大校長蔡元培。
圖片來源：維基百科

> 我們最虔敬的信仰，竟是2千多年前，由地中海東岸的農業
> 社會留下來的。《聖經》報導2千多年前這些人的集體屠殺
> 戰爭⋯⋯啟示錄是古代原始人幻想出來的黑魔法。對勇於打
> 破迷信者，神應嘉獎才公平；雪萊說，寧可和培根一起被打
> 入地獄，也不願與佩利一起上天堂。⋯⋯宗教的矛盾和限制
> 對我造成莫大的束縛，相形之下，自由顯得特別甜美，因
> 此，我離開教會。
>
> ——威爾森

1991年，國際無神論者聯盟（Atheist Alliance International），創建
於美國華府，志在教育公眾無神論、世俗主義。2003年，美國科學
教育家夫婦蓋惹（Paul Geisert）、傅確（Mynga Futrell），創建「明
智思想運動」（Brights movement），志在提倡公眾瞭解「無超自然

與神祕、自然」的世界觀。

美國猶太生化學家艾西莫夫，不認為「無神論者」可描述他，「人道主義者」才貼切。

總結：卻在燈火闌珊處

1. 「神萬能」是信念，「常洗手」也是。相信的力量何其大，直可牽動生死。人若不慎，即成信念的俘虜。

2. 古人不解自然或人為現象，發明鬼神，其嚇阻與安慰劑效用，有時助益個人與社會。已完成階段性任務，該退出江湖。

3. 世界宗教成千上萬種，反映創教環境與教主的思維。各宗教需勤於傳教維繫香火，因多少具有排他性，易於引發宗教戰爭，從古戰到今天，還不罷休。

4. 宗教內涵可分三類，（一）做人處事：但不比孔子與蘇格拉底等非宗教者的教誨還高明。（二）自然界現象：因缺乏科學知識而錯誤累累。（三）哲理。

5. 宗教經典累積多年多人的智慧，有其文明價值，但需過濾。諸如「異端、業障」等觀念，本身即為該消除的異端與業障。

6. 思維與情緒均來自腦運作，並無靈魂、鬼神、天堂、地獄。神棍欺壓民眾，為文明之恥。各式科學與人文研究顯示，並無鬼神存在的證據。裝神弄鬼只是自欺或欺人。

7. 天災人禍總會發生，生活總有不確定性，因此，總有人跪向鬼神，何況社會總有神棍騙子推波助瀾。鬼神信仰會長存，只是信徒多或少。

8. 人生不如意十之八九，生活事件的意義來自個人的詮釋，而非神諭。賦予正面意義時，吃苦如吃補。

9. 擺脫宗教的束縛，自由思想；增進人文關懷與環保、善用科技。

10. 轉軸撥弦三兩聲，未成曲調先有情。但願人長久，千里共嬋娟。

參考文獻

1. Bertrand Russell, Why I Am Not A Christian, March 6, 1927, to UK's National Secular Society.

2. Daniel Dennett, Breaking the Spell: Religion as a Natural Phenomenon, Penguin Books, 2007.

3. Francis Collins, The Language of God: A Scientist Presents Evidence for Belief, Free Press, 2006.

4. Isaac Asimov, Isaac Asimov's Treasury of Humor, Houghton Mifflin, 1971.

5. John Templeton Foundation, Does science make belief in God obsolete? 2009.

6. Joseph Campbell, The Masks of God: Creative Mythology, 1968.

7. Pascal Boyer, Religion Explained – the Human Instincts that Fashion Gods, Spirits and Ancestors, Vintage, 2002.

8. Richard Dawkins, The God Delusion, Mariner Books, 2006.

9. Robert Park, Superstition: Belief in the Age of Science, Princeton University Press, 2008.

10. Robert Wright, The Evolution of God, Little Brown and Company, 2009.

11. The End of Faith, Sam Harris, W. W. Norton, 2004.

12. The nocebo effect: Media reports may trigger symptoms of a disease, Psychology & Psychiatry, May 6, 2013.

13. Victor Stenger, God: The Failed Hypothesis, Prometheus Books, 2007.

14. 威爾森（Edward Wilson）著，梁錦鋆譯，知識大融通（Consilience -the Unity of Knowledge），天下文化，2001年。

Do科學9　PB0036

在信仰之外
——從科學角度談信念

作　　者／林基興
責任編輯／杜國維
圖文排版／楊家齊
封面設計／蔡瑋筠

出版策劃／獨立作家
發 行 人／宋政坤
法律顧問／毛國樑　律師
製作發行／秀威資訊科技股份有限公司
　　　　　地址：114 台北市內湖區瑞光路76巷65號1樓
　　　　　電話：+886-2-2796-3638　傳真：+886-2-2796-1377
　　　　　服務信箱：service@showwe.com.tw
展售門市／國家書店【松江門市】
　　　　　地址：104 台北市中山區松江路209號1樓
　　　　　電話：+886-2-2518-0207　傳真：+886-2-2518-0778
網路訂購／秀威網路書店：https://store.showwe.tw
　　　　　國家網路書店：https://www.govbooks.com.tw

出版日期／2016年11月　BOD一版　定價／340元

|獨立|作家|
Independent Author

寫自己的故事，唱自己的歌

在信仰之外：從科學角度談信念 / 林基興著.
-- 一版. -- 臺北市：獨立作家, 2016.11
    面； 公分. -- (Do科學；9)
    BOD版
    ISBN 978-986-93630-4-4(平裝)

    1. 宗教與科學

200.16   105018704

國家圖書館出版品預行編目

讀者回函卡

感謝您購買本書，為提升服務品質，請填妥以下資料，將讀者回函卡直接寄
回或傳真本公司，收到您的寶貴意見後，我們會收藏記錄及檢討，謝謝！
如您需要了解本公司最新出版書目、購書優惠或企劃活動，歡迎您上網查詢
或下載相關資料：http:// www.showwe.com.tw

您購買的書名：_____

出生日期：_____年_____月_____日

學歷：□高中 (含) 以下　　□大專　　□研究所 (含) 以上

職業：□製造業　□金融業　□資訊業　□軍警　□傳播業　□自由業
　　　□服務業　□公務員　□教職　　□學生　□家管　　□其它____

購書地點：□網路書店　□實體書店　□書展　□郵購　□贈閱　□其他

您從何得知本書的消息？

　　□網路書店　□實體書店　□網路搜尋　□電子報　□書訊　□雜誌

　　□傳播媒體　□親友推薦　□網站推薦　□部落格　□其他_____

您對本書的評價：(請填代號　1.非常滿意　2.滿意　3.尚可　4.再改進)

　　封面設計____　版面編排____　內容____　文／譯筆____　價格____

讀完書後您覺得：

　　□很有收穫　□有收穫　□收穫不多　□沒收穫

對我們的建議：_____

_____

_____

_____

11466
台北市內湖區瑞光路 76 巷 65 號 1 樓
獨立作家讀者服務部　　　收

....

（請沿線對折寄回，謝謝！）

姓　　名：＿＿＿＿＿＿＿＿＿　年齡：＿＿＿＿　性別：□女　□男

郵遞區號：□□□□□

地　　址：＿＿＿＿＿＿＿＿＿＿＿＿＿＿＿＿＿＿

聯絡電話：(日) ＿＿＿＿＿＿＿＿＿ (夜) ＿＿＿＿＿＿＿＿＿

E-mail：＿＿＿＿＿＿＿＿＿＿＿＿＿＿＿＿＿＿＿